# 心を磨く学校

## 自分を輝かせたいすべての人たちへ

株式会社アミング 代表取締役社長

西江あきよ

Discover BP
ディスカヴァー ビジネス パブリッシング

# はじめに

## 日本の女性として

令和に入り、今改めて「心」を見直す時代になってきていると感じています。

男尊女卑の思想が少しずつ消えてゆき、女の人も正々堂々と社会で尊重され、高め合える時代になってきました。そんな時代に生きることができる私たちはとっても幸せです。

一方で、女性の主張が通る時代になった今だからこそ、昔の女性の生き方から学ぶべきこともたくさんあると思います。昭和の女性の生き方がすべて良いとは思っていませんが、当たり前のようなことをまじめに考えて生きていくことの大切さ、優しさ、つつましさ、たくましさ、美しさ、人を想う心を忘れてはいけないと思うのです。自己中心的な生き方をして、「大切なこと」に気づかないまま人生を送るのはとてももったいないことです。

ダイヤモンドの原石のままこの世に放り出された私たちは、自分自身の心を一生懸命に磨き、光り輝かせ、一隅を照らせるような人間にならなければいけません。私はそれが、幸せで豊かな人生を送るための唯一の道なのではないかと思っています。

そんな思いから、私は、私が経営してい

る雑貨店「アミング」を、女性たちが心を磨くための学びの場にしたいと思ったのです。商いを通して心を磨くための学校のような場所にするため、学びの場は「心を磨く学校」と名付けました。

働くスタッフの心の成長を一番に考えていたい――。当たり前のようなこと、でも大切なことを、仕事を通して学んで成長してほしいのです。

この取り組みを始めてから、私は多くのスタッフたちが働くことで心を磨き、人間として成長し、それぞれのダイヤモンドが輝き出すのを目の当たりにしてきました。

この本でそれを詳しくご紹介しようと思っ

ています。

今の日本は、ちょっと元気がないなぁと感じます。先人たちが戦後、命がけで頑張って素晴らしい国にしてくれたおかげで、今の便利で豊かな生活があります。それなのに、多くの人たちは「ありがとう」という感謝の言葉よりも不平不満ばかりを口にして、とうとう子どもたちは夢や希望を持たなくなってきています。

そんなのおかしいです。

私は、そんな子どもたちのためにも、何としても日本人の美しい心に火を灯し、一人でも多くの人が明るく笑顔で元気に互いを大切にし合って暮らしていける、もっともっと心豊かな社会をつくっていきたいと真剣に考えています。そのために、心を磨く学びの場は、もっともっと世の中に必要だと思っています。

本題に入る前に、まずはアミングの成り立ちから私が心を磨く学校を始めるまでのお話をしたいと思います。

## 「私、やります！」

ある日の茶の間でのこと。

私たち夫婦は、不意に義父からとある相談を受けました。義父が経営する漁網会社の工場を港の近くに移転することになり、空いた土地をファミレスや喫茶店をする人たちに貸すことにしたけれど、あと15坪ほど空いている場所がある。その小さな土地を使って、若い君たちで何か新しいことをやってみないか？　とのことでした。

私は、すぐさまその場で「やります！　私やります！」と言っていました。「ところで、何やるの？」そう義父に尋ねられましたが、「今から考えます」という具合で、義父がとても驚いていたことを覚えています。

その頃、夫はシステム開発のSEとして会社勤めをしていて、私は1歳の子どもの子育てをしながらピアノ教室を開いていました。今、あの頃を振り返ってみると、とにかく何かやりたくてしょうがなかったのかなぁと思います。

私はもともと保育士として働いていた経験もあり、子どもが大好き。大人にも子どもにも喜ばれるような、ファンシーで可愛い雑貨たちに囲まれる仕事をやってみたいなぁと気楽に考え、雑貨のお店を始めることに決めました。

夫はこれを機に脱サラ、子どもを同居していた義母にお願いしてみてもらうことに

して、夫婦で事業を始めることにしたのです（すごい決断！）。

お店の名前は、義父の会社が漁網製造の会社でしたので、新たな事業で海から陸へ上がって進化していこうという意味を込めて、〝Ami（網）〟に〝ing〟をつけて「Aming（アミング）」と名付けました。

「自分のお店ができるんだ！」

そんなウキウキしたハイテンションな気持ちで動き出したはいいものの、なにぶん、ズブのど素人。商品を揃えると言っても、どこが取引してくれるのかさえわかりませんでした。

「そんなに簡単ではないよ、この業界は」

「素人にできるほど甘くないぞ。やめておいたほうがいい」

初めに、取引してもらおうと訪ねた地元の問屋さんにそんな風に言われました。でも、自分たちでやると決めたことです。ここで引き下がるわけにはいきません。何の後ろ盾もない私たちが唯一持っていたのは熱意だけ。断られてはまた別の問屋さんへ掛け合うということを続けました。そうしているうちに何とかその熱意が伝わったのか、商品を卸してもらえる問屋さんに出会うことができたのです。これが私たちの〝商い〟の始まりです。

さあここからが本番。店構えから看板、店内のインテリアに、商品を置く棚などの什器、ＰＯＰやチラシの準備など、休む間もなくあれやこれやと大忙しです。どこからどうしたらいいのか全くわからず、すべてが行き当たりばったりでお店づくりを進めていったのでした。その頃のことはあまり覚えていないのですが、レジもラッピングもまともにできないド素人ですから、思い返すとお恥ずかしい限りです。今、当時のお店を見たら、自分でもさぞがっかりすることでしょう。

あれから40年。たった15坪のお店からスタートしたアミングは、今では約２５０坪の店が33店舗、すべて合わせると８０００坪以上です。当時と比較すると、店の大きさは500倍以上になり、働くスタッフも800人を超えました。今では店舗によって異なりますが、創業当時のアミングは年中無休、午前10時から午後10時までの営業でした。ほとんどの店舗は街の郊外にあり、わざわざ「アミングへ行こう」と思わなければ来られない場所に立っていますが、毎日たくさんのお客様に足を運んでいただいています。失敗も数え切れないほどしましたが、自分で自分を褒めてあげたくなるくらいよく頑張ってきたなぁと思います。潰れずにここまで続けてこられたことが、不思議で仕方がありません。まさに奇跡、幸運としか言いようがありません。

改めて、長年おつきあいくださっているお客様、そしてアミングで働くスタッフのみなさん、関わってくださったすべての方々に感謝の想いでいっぱいです。

手前味噌ではありますが、アミングは雑貨業界の中では有名になり、「すごい店」とも言っていただけているようです。嬉しいお声ではありますが、何よりも私の**一番の自慢は働いてくれているスタッフです**。すごい人たちの集まりになってきました。

〝商い〟とは、お客様に喜んでいただき、買っていただき、また来ていただくことの繰り返しで成り立っていきます。1店舗250坪の店を運営するためには、一つのお店に20~30人のスタッフが必要です。そのスタッフ一人ひとりが目標に向かってみんなでベクトルを揃え、互いに協力し高め合っていかなければ良い店にはなりません。

実はお店を始めた当初、スタッフたちの心はバラバラでした。忙しい日々が続く中、みんな毎日くたくたで「仕事=作業」のようになっていて、全然楽しそうではなく、仕事を義務感だけでやっているようでした。陰では不平不満・愚痴・悪口が飛び交い、すぐに辞めていく人もいました。私は自分の店で働きながら、息苦しく、落ち込むこともしょっちゅうありました。一見、繁盛しているかのように見えても、本当の繁盛ではなかったと思います。

「なぜ私ばかり、こんな大変な目に遭うの！」と弱音を吐いていました。

「心」の大切さに気づいたのはその頃でした。目に見えないけれど、心が一番大切！　そして、ずいぶんと時間がかかりましたが、心の在り方を学び、心を育むということにたどり着いたのです。

## 心の勉強会

私がスタッフたちに想いを伝えるため、そして心を磨くために始めたのが「心の勉強会」です。まずは自分の心を磨くこと、そして、従業員とともに生きることが経営者の仕事だと思うに至ったからです。

心の勉強会では、働く上で大切にしてほしいこと（後の「アミングの理念」）、「何のために働くのか」「自分の人生をどんな人生にしたいのか」「幸せな生き方」などについて、60〜90分必死に話しました。心について私が学んで大切だと思ったこと、実践して自分のものにしてほしいと思ったことを伝えました。

店舗数が10店舗ほどの頃までは、繁忙期以外は毎月、全店舗を訪問して心の勉強会を開催していました。お店の数が増えていき、各店舗へ訪問する頻度は落ちてしまいましたが、そのぶん今は、オンラインで参加できるように工夫をし、かれこれ20年以上勉強会を続けています。

勉強会の後にはスタッフ全員に、レポートを書いて提出してもらっています。「話を聞いた今の気持ちを忘れないよう、言葉に残してほしい」という想いから、必ず全員にレポートを書いてもらうようにしています。同じ話を聞いても、心に残る言葉は

人それぞれ。みんなのレポートを読んでいると、勉強会で聞いた話が「自分の人生をどう生きるか」を考えるきっかけになったり、自分の考え方や行動を振り返る機会になったりしているようです。

私にとっても、レポートを読む時間はとても有意義な時間です。読んでいるうちに私ももっと勉強しなくては！　という熱い思いが込み上げ、心の力になっています。

お店はお客様のためにありますが、会社はスタッフの心の成長のためにあると考えています。働くことを通して、仕事を通して心の成長を実現できる会社になることを目指し、「大切なこと」を伝えるために、「心の勉強会」を続けています。

本書では、40年間事業を続けてきた中で私が思ったことや考えたことをいくつかお話しするとともに、私の宝物の一つでもある、「アミングで働くスタッフたちのレポート」をご紹介します。それぞれのスタッフが持つ悩みや課題に、「わかる〜！」と共感したり、「私も負けてられないワ！」と奮起したり、活用できることもあると思います。そして何より、自分の「心を磨く」とは一体どういうことなのか、実際にどう考え行動すればいいのかについて、レポートに綴られている彼女たちの思いや気づき、成長の様子などから多くのヒントが得られることと思います。

今を生きる日本の女性みんなが社会に出て、「働く」ということを通して心を磨き、一人ひとりが色とりどりに輝いて、キラキラオーラを放って、笑顔でいられますように。そして、本当に大切なことを見つけて、豊かで幸福な人生を生きることができますように。そう願っています。

目次

## 第2章 心を磨くこと

## 第3章 あなたは「環境」

## 第4章 今を大切に生きる

# 第1章

# 何のために働きますか？

# 01 お金より大切なものに気づけますか？（アミングの理念）

仕事の本質ってなんでしょう？

ずっと考えてきたことです。そして、仕事の本質とはお金を稼ぐことではなく、「自分がいかに喜ばれる存在になるか」ということではないか、という考えに至りました。

たしかにお金は大切です。生活するためには欠かすことができないですし、十分な蓄えがあれば心の余裕にもなるでしょう。でも、お金に執着せず、本気で誰かを喜ばせようとしている人のところに、お金も人も自然と集まってくるのです。そう、つくづく実感しています。

とは言え、誰かに喜ばれる存在になるというのは「言うは易し……」で、簡単なことではありません。

喜ばせると言っても、自分の気分が乗っているときだけニコニコしていればよいわけではなく、相手が今何を求めているのかを真剣に考え、「行動」や「態度」でそれに応える必要があります。そのためには、いつもいろいろなことに配慮していなければなりません。それが、心遣いという行動になります。

人に喜ばれる、人を喜ばせるには、当然ですが自己中心的、自分勝手、わがままではうまくいきません。アミングでは、「人に喜ばれ役に立つ人」になるために大切なことをまとめた「11の理念」を掲げています。

一つひとつはとてもシンプルで、当たり前のことだと思うかもしれませんが、これらを毎日、意識して働くのは意外に難しいのです。でも、一つひとつを習慣にしてしまえばよいのです。それが自然にできるようになるまで、とにかく実践し続けるのです。

アミングは、こうした**「人間として大切なこと」**を学ぶ場、もっと言えば

PHILOSOPHY

# アミングの11の理念

| | |
|---|---|
| 1 **あいさつ**<br>心に届く気持ちのよい<br>あいさつをする | 2 **掃除 整理整頓**<br>身の回り、頭の中も整理整頓 |
| 3 **笑顔**<br>周りの人が<br>幸せになる笑顔を | 4 **元気**<br>健康管理は<br>社会人として大切 |
| 5 **素直**<br>素直な心で<br>人の話を聞く | 6 **感謝**<br>色んなことに感謝して<br>一日一日を大切に |
| 7 **持続**<br>「継続は力なり」<br>一歩一歩諦めずに続ける | 8 **学ぶ**<br>日々勉強。謙虚な心で<br>学び続ける |
| 9 **創意工夫**<br>常に進化するために<br>毎日考え、改善していく | 10 **挑戦**<br>失敗を怖がらず<br>挑戦し続けること |
| 11 **協力**<br>思いやりの心をもち<br>助け合い、励ましあう |  |

道場のような場所です。毎日毎日、働くことを通して理念を実践し鍛錬を積み重ねることで、「人に喜ばれる存在になる」という本質が理解できて身についてきて、本当に大切なものに気づけるようになってくるのです。

Ｉさんのレポート

私がアミングで働きたいと思ったのは、母親でもなく妻でもなく一人の人間として社会の中で誰かの役に立ち、必要とされ、喜ばれたいという気持ちが強かったからです。人として成長したいという思いもありました。それは、一人目の子どもを産んで子育てをしていく中で、幸せだと思う反面、主婦として母親としてうまくいかないことが多く、心の余裕もなく、イライラしたり悲しくなったり情けなくなったりして自分の未熟さを思い知り、こんな私が子育てしてていいのか……、私は子育てに向いていないのでは？　と思ってしまうことがたくさんあったからです。だから、アミングの心を磨くことのできる環境に惹かれたのだと思います。私にとって、働くことで得られるお金は生きていく上で必要なものではありますが、それだけではない、やりがいや生きがいを感じられる場所、誰かの役に立てているという喜びを感じられる場所、人として成長していける場所を求めていたのだと思います。

感謝の気持ちを持つこと、常に明るくいること、誰かのために尽くすこと、一生懸命やることというのは人として当たり前のようなことですが、それを大切にしている会社は本当にわずかしかないのではないかと思います。そんな貴重な会社に出会い、良き仲間と働けることを誇りに思い、なりたい自分に少しでも近づけるよう目の前のお仕事に一生懸命に向き合っていきたいです。

Tさんのレポート

人を喜ばせることができる人とは、お客様だけではなく、共に働く仲間の幸せも考え、行動できる人を指すと思います。

世の中はどんどん便利になり、ハイテクになってきています。それ自体は良いことですが、古臭いと捨てたものの中には、一生懸命さや勤勉で誠実であるという日本人らしい倫理感や道徳感という大切なものがあったのだと思います。哲学を心の中に軸としてしっかりと持ち、迷ったときや困ったときには「何のために」と、理念をもとに考え実行できる自分になることができれば、すごい成長ができるはずです。大変そうですが、大きく変わるためには避けられません。自分を変えていくことに必死に取り組みたいです。

## Aさんのレポート

大切なことはすべて日常の中にある。そしてそれは当たり前のことなのに、なかなかできていないことが多いと感じています。その日常の当たり前が、アミングの理念そのものだと感じています。たとえば「感謝」。感謝を感じ、感謝を伝えることは心の浄化だと思います。相手も自分も笑顔になる「ありがとう」は魔法の言葉です。伝えたい思いを言葉にし、感謝を伝えることで真心が伝わるのだと思います。

当たり前のことを当たり前にする大切さと難しさを気づかせてくれるのがアミングの理念です。誰もがこの理念を大切にして行動することができれば地域社会、日本そのものが豊かになると思います。

自分の心を豊かにし、日本を豊かにするためにもこの理念を大切に行動していきます。

# 02
## 継続する力を身につけよう

人が何かを続ける理由はさまざまです。楽しいから続ける、先に目指すものがあるから続ける、誰かに言われて仕方なく続ける……。

またそれ以上に、これまで続けていたことを途中でやめる理由もいろいろとあります。だから、続けることは難しい。

〝継続は力〟と言いますが、逆を言えば、継続しなければ力にはならない。

それがわかっていても、「やめたい」と一度考え始めると、その理由は次から次へとあふれ出てくるものです。今の自分の都合を優先したい気持ちがどんどん膨れていって、それと反比例するように周りのことがどんどん見えなくなっていく。結果的に、自分の周りの人のことや、先のことを考える余裕がなくなって自分勝手にやめる決断をしてしまう。仕事を続けるということも含めて、「継続」とは自分との闘いだと思います。

私が今まで出会った建造物の中で最も感動したものの一つに、ミラノ大聖堂（世界遺産）があります。そこには設計から始まり、建築計画があり、それを実行に移し、携わった石工たちの小さな力を毎日毎日積み重ね、実に500年以上という気の遠くなるような歳月を掛けて完成した美しい大聖堂です。

職人たちは来る日も来る日も弛まぬ努力を続けました。父から子へ、子から孫へ、何世代にもわたって石工たちが世界の宝を作り上げたのです。長い長い歳月を掛け、一人ひとりがまじめに地道に働き続けることでしか、この大聖堂の完成は成し得ませんでした。そう思うと、大聖堂の圧巻の美しさは携わった人たちの想いの塊のように思えて、感動がやまず、いつまでもその場に立っていました。そして、携わったすべての人に感謝と敬意を伝えたい気持ちになりました。

小さいと思っている仕事、どんなにつまらないように見える仕事でも、またいくらやっても形が見えずに途方に暮れてしまうような仕事でも、**粘り強く続けることで、誰かを感動させたり、笑顔にするような素晴らしい成果につながる**ことがあります。

地道な努力を続けることこそ私たちの人生にとって大切なことであり、凡人が非凡になる唯一の方法でもあります。地道にコツコツ励むことで、私たち自身が輝くことへつながっていくのです。

Oさんのレポート

勉強会の中で、プロゴルファーの渋野日向子選手のお話がありました。コーチが最初に感じたイメージは「下手くそ」(!)。そんな彼女が世界に通用するプロゴルファーに成長した背景には、練習を怠らず、基本練習をコツコツと積み重ねてきたこと、そして素直であること、いつも笑顔であることが大事だったということでした。私たちの仕事に置き換えても同じことが言えると思います。ラッピングや売り場づくりなど、どんなことにおいても練習を積み重ねていかないと上達しません。最初から上手にできる人なんていません。むしろ最初からできて、油断してあまり練習をしない人より、最初は下手でも悔しくてたくさん練習した人のほうが上達しています。

また、先輩や周りの人からもっとこうしたほうがいいよと言われても、知らんぷりしているような素直でない人は周りから信頼も得られませんし、自分自身を成長させることもできないと思います。人からのアドバイスを素直に聞いて、何度も練習すること、それを継続すること、そしてそのことを心から好きになることが大事だと思います。

また、人との出会いもその人の人生にとても大きく影響すると思います。とても良いコーチに出会えたこと、それも渋野選手のゴルフ人生において欠かせない大事なことだったと思います。今回のお話を聞いて、改めて自分もお店の中で一番だと胸を張って言えるような得意なことを見つけて、極めていきたいと思いました。自分自身も新人スタッフに教える係として、相手のことを思いやり、その人に合った指導の仕方を考え、働くことが楽しいと思ってもらえるように頑張っていきたいと思います。

# 03

## 傍を楽にする

多くの人は、自分のために働くものだと思っています。それは単に生活のためというだけでなく、自分のキャリアアップのため、さまざまなスキルを身につけるためと考える人もいるでしょう。そう考えるのは社会人としてごく自然なことです。しかし、それだけでは働くことの本質にたどり着くことはできません。

すぐ「仕事をやめたい」などと言う人は、自分のことしか見えていないのです。すべてが自己中心だから、仕事の大切な部分になかなか気づかない。

もちろん中には自分のことだけではなく、家族のことを考えているという人もいますが、働くということを個人的なことと捉えているうちは、仕事に深い意義を見出すことができないのです。

私はこれまでたくさんの人たちと一緒に仕事をしてきましたが、

「人の役に立ちたい」

「人に喜ばれたい」

「どうしたら周りの人をもっと幸せにできるのか」

こうしたことを心の底から思って行動している人、〝利他の心〟を持つ人が、誰よりも成果を出し、そして信頼されていると感じています。

日本には、**「傍（はた）を楽（らく）にする」**という言葉があります。働くということは、傍（自分の周りの人）を楽にするということ。つまり、**周囲の人、世の中の人を幸せにすることが、働く意味である**という、江戸時代から語り継がれている商人の考え方です。そしてこれが、商いの基本であり原点でもあると私は思っています。

日本人は、他人の幸せに喜びを見出せる民族です。お客様や仕事仲間からの「ありがとう」や「助かった」という言葉で幸せな気持ちになれるのは、私たちがＤＮＡレベルで喜びを感じているからです。

周りの人が喜ぶことを進んで喜んでやることが「傍を楽にする」につながっていくのです。

「周りの人のため」なんて、初めは自分が善い人ぶっているように感じるかもしれません。けれど、繰り返し、毎日意識して行動することで、周りの人たちにとって、あなたはなくてはならない存在になり、気がつけば心の底から「周りの人のために喜んで働こう」と思えるようになっています。そうなったときに初めて、仕事で多くのものを得られるようになってきます。自分にとっての「天職」とも感じられるようになってくるのです。

Hさんのレポート

働くということは、単に技術を磨いたり、お金を稼いだりすることだと考える方が少なくないと思います。でも本当の意味は、そういったことだけではなく、自分の周りの人のために知恵や力を使い、みんなが幸せになるように努力することです。そしてそれは「働く」ということを通してしか身につかないのだと感じました。人と人の間でつながっている限り、葛藤や失敗、悩みは尽きないと思います。落ち込んだり傷ついたりすることも避けられないと思います。でもそれは、人とつながっているからこそ学べる感情であり、ただ一人、家の中で生きていては経験することができないものです。

また、私の中で少し思い違いをしていることもありました。これまで、働くとは、傍を楽にするために、自分を犠牲にしてでも頑張ることだと思っていましたが、〝自らも楽しむ〟ということがとても重要だったのですね。人のために考え、行動することを、義務のように仕方なくするのではなく、自分も楽しみ、自ら進んで喜んで行うからこそ、たくさんの気づきがあり、「ありがとう」の輪がどんどん広がっていき、みんなが幸せになれるのだと今は感じています。

## Tさんのレポート

私はアミングに入社してから、それまであまり考えることがなかった〝利他の心〟について考えるようになりました。そして、人は一人では生きられないからこそ周りの人に感謝すること。人は助けたり、助けられたり、お互い支え合って生きていくこと。それらが仕事だけではなく、生きていく上でも大切な考えであることに気づかされました。アミングに来られるお客様、一緒に働くスタッフのために自分ができること、人のため、社会のために何ができるかをいつも考え、行動することで、お客様に喜んでいただける。その喜びが自分にも返ってくるのだと感じました。

大学で心理学を専攻していた私は、高齢者、児童、障がい者、精神病の方など、さまざまな人の心について学びましたが、今は日常の中で、人の心について考えることがもっと増えたように感じます。これからも利他の心を養い、たくさんの人の心に寄り添える、そんな人間になりたいです。なります！

Kさんのレポート

自分の習熟度を上げないと「傍を楽にする」のではなく、「傍迷惑になる」というお話を聞いて、「相手に喜ばれる人」というのは、やはり相手のことを想って行動することができる人、自分を常に高めている人なのだということに、改めて気がつきました。アミングで働く目的である、「心を磨く、自分を高める」ということを実践することが、自分のためだけではなく相手のため、周りのためにもなるということを、常に忘れずにいなくてはいけないと今回の勉強会を通して強く感じました。

「働く」という言葉を聞くと、誰かのために何かをすることをただの「労働」だと思ってしまいがちですが、「働く」ことは相手を喜ばせることであると同時に自分も喜ぶこと、そして自分を成長させることなのだということを、理解していなくてはいけないと思いました。そして、プロとして相手を喜ばせる仕事をし、自らもその仕事を常に楽しんでいたいです。

# 04

# 日常の中のエンターテインメントを目指して

「アミングに一歩入ると、別世界に入ったように感じる」
「時間を忘れて2時間もいてしまった」
「私にとってのパワースポット！」

こんな風に、お客様から言われることが度々あります。

アミングは郊外にある雑貨店です。２５０坪ほどの店内には、キッチン用品やアパレル、文房具や食品・コスメなどさまざまなジャンルの商品が並んでいます。セレクトショップなので、ここにしかないような珍しいものがあるわけではありませんが、多くのお客様が何か特別なものを感じ、アミングを選んでご来店くださっています。

雑貨には、人の心を癒し、幸せな気持ちにする力があります。生活必需品ではないので、なくても生きてはいけますが、だからこそ、私たちに特別な気持ちや時間をもたらしてくれる、一番身近なエンターテインメントだと思っています。

アミングは、そんな雑貨たちがお客様を魅了する、テーマパークのような場所。自分がときめくものに出会うって、最高に幸せなことですよね。たとえばプレゼントを選ぶとき。本当に楽しくて、幸せな気持ちになります。渡す相手の笑顔を思い浮かべながら……、そして選んだ商品を素敵にラッピングしてもらうと、さらに嬉しくなって気持ちも上がります。

１９８４年にアミングを創業したとき、私はとにかく「ここへ来るとウキウキ・ワクワクして、心が癒されるような店をつくりたい！」と思いました。そして、その思いは40年経った今でも変わりません。

あるお客様は、会社で嫌なことがあった日、そのまま家に帰ることができなくて「アミングに寄って帰ろうと思って」とご来店くださいました。しばらく店内を見て回っていましたが、お店を出る頃には「不思議と気分が晴れて、なんだか元気をもらえた」と話してくれました。

またあるお客様は、赤ちゃんが生まれたばかりで、毎日の育児で消耗しきっていたところに、ご主人が「（赤ちゃんは）僕が見ているから、アミングに行ってきたら？　何でも欲しいものを買ってきていいよ」と、送り出してくれたそうです。その方は、「アミングに一歩入るとパァーっと心が晴れて、気分がすっきりした。気分転換できた」と、ニコニコ笑顔でお店を後にされました。

落ち込んでいても、仕事や育児で疲れ切っていても、時間を忘れるくらい夢中になれる場所。日常の中にあって、ウキウキ・ワクワクするところ。気晴らしができて、楽しくって、心が癒されて心地良い場所――。これがまさに、アミングが目指すところなのです。そんな**地域のパワースポットのよう**

**な場所でありたい**と思います。

ライバルはディズニーランド！

ディズニーランドもＵＳＪも、最高に楽しいところです。何度訪れても、心が躍りウキウキ・ワクワクします。私にとっては、サービスやホスピタリティ（おもてなし）の心をたくさん学べるところでもあります。

でも、それらはあくまで非日常を楽しむところだとも思うのです。思いついてすぐに行けるところではないし、入場料もいるので、気軽にちょっと、というわけにもいきません。アミングは、もっと身近な、普段の生活に近いところにあります。いつでも、ウキウキ・ワクワクするようなモノやコトとの出会い、人との出会いがあって、心が癒され、気持ちが晴れやかになるところ。地域のみなさんの**日常にエンターテインメントを届けられる場所**を、これからもつくり続けていきたいと思っています。

## Hさんのレポート

「お買い物に来ているお客さんが、入店前と入店後では表情が違っている」というお客様からの声がとても印象的でした。すごく気持ちがわかります。私もついこの間まで、そのお客様の一人だったからです。そんな気持ちになるのは、アミングで嫌な思いをしたことがないということでもあるし、商品の魅力やスタッフの接客の良さなどもひっくるめてその人にとっての〝大好き〟になっているということ。

お客様の中には、気分や気持ちの切り替えをしたいと思って来られる方がきっといらっしゃると思います。そんな素敵な場所でお仕事ができるということは、私にとってとても幸せであると同時に、お客様に元気を差し上げる接客をしなくては、と改めて感じました。

### Ｋさんのレポート

私はお店という舞台に立っています。ただ立つのではなく、幸せのエンターテイナーとして立ちたいと考えています。そのためには自分自身がまず、仕事を楽しむこと。その姿を見た人が幸せになるのだと思います。お客様が笑顔になる応対・パフォーマンスをすることで幸せがより膨らむようなことができたら、なんて幸せだろうと感じます。幸せの本質を感じ、スタッフが一丸となれば、アミングは多くの人びとを喜ばせるエンターテインメントに絶対になるはずです。まずは、自分から実践します。

## Oさんのレポート

新しいお店のオープンメンバーに選ばれ、そのタイミングで、憧れの先輩スタッフの方が辞めることになり精神的にきつく、辛かった時期がありました。それでも仲間のスタッフ同士で「頑張ろう！」と声を掛け合い、助け合い、お互いに協力し合うことでここまで来ることができました。少しずつ常連様もつき始め、毎週必ず来てくださる方もいらっしゃいます。売り場にいるとお客様同士の会話で「ここに来るとつい長居しちゃう！」「商品も気になるものばかりで全部欲しくなっちゃう！」といった声や、「お友だちから素敵な雑貨屋さんがあるって教えてもらったの」「お店に入ってみたらものすごく素敵でビックリしちゃった！　今度は家族も連れてきますね！」といった本当に温かく、嬉しいお言葉をいただきます。お客様が楽しそうにお買い物をする様子を見ていると、心の底からアミングで働いていて良かったなと感じます。

これからクリスマス、年末年始、バレンタイン、卒業・入学シーズン、母の日まで忙しい時期が続き、お店の協力体制や団結力は今よりも必要になってくると思います。すべてのお客様に幸せをお届けできるよう、これからもスタッフ全員で協力し合いお互いを高め合っていきます。

また、本当に、本当に嬉しい出来事がありました。ある日、開店してすぐに、年配のお客様が一人でご来店されました。いろいろとお話をしてくださったのですが、そのお客様は一人暮らしで、持病があるとのことでした。9月21日がお誕生日とのことで、誕生日ぐらいはちょっと良いものを買って食べようとご来店してくださったそうです。

歯が少なく硬いものは食べられないとのことで、私は一緒に食品コーナーを回りながらオススメの商品や、柔らかく食べやすいものをご紹介しました。そして、お客様はバームクーヘンや加賀棒茶などを購入してくださいました。

レジに向かう際にお客様から「ラッピングは必要ないけど紙袋に『お誕生日おめでとう』というメッセージを書いてほしい」とご要望をいただいたので、私はアミングのメッセージカードにお客様のお誕生日とお名前と『お誕生日おめでとうございます！』というメッセージを書き、紙袋に貼ってお渡ししました。長い間一人暮らしで誰かにお誕生日を祝ってもらえるのが久しぶりだったらしく、「生きていて良かった。こんなに親切なお店はアミングさんだけです。本当にありがとうございます」と感動され涙を流してくださいました。

それから数日後、お客様のお誕生日の9月21日に、再度ご来店してくださり「どうしてもあなたに会ってお礼を言いたかった」と私に会いに来てくださいました。

今朝起きてすぐにプレゼントを開けたこと、バームクーヘンやお茶の感想を楽しそうに話してくださいました。帰られる際も「またあなたに会いに来ますね」というお言葉をいただきました。

こんなに誰かに感謝されたのは初めてで本当に嬉しく、私も感動して泣きそうでした。そのお客様は「きっと良い出来事があるよ！」と言ってくださいましたが、この経験こそが私にとって良い出来事だったと感じましたし、とても大きな力になりました。

# 05
## 「あなたから買いたい」と思ってもらえること

店を始めたばかりの頃でした。

いつもご来店いただく常連のお客様の中に、小学生の姉妹がいました。とても仲の良い姉妹で、私は二人がキラキラした目で楽しそうに商品を眺めている姿を見るのが大好きでした。アミングの商品は特別安いわけではありません。小学生のお小遣いでは、頻繁に買い物はできないかもしれません。でも、彼女たちは素敵にディスプレイされた世界観にときめいてくれている。「買い物に行こう」ではなく「アミングへ行こう」と思ってくれている。そう感じていました。

ある日、いつものようにその姉妹のお客様が来店されて、いつもよりおめかしていたので、「今日はお出かけなの？」と聞いてみました。すると、市内の繁華街へショッピングに行く、とのこと。

彼女たちを見送り、バタバタとしている間に夕方になっていました。

ふと、入って来られたお客様のほうを見ると、今朝の姉妹のお客様でした。どうやらショッピングの帰りに寄ってくれたようです。

「今日のお出かけはどうだった？　お目当てのものは買えた？」

と聞くと、二人は顔を見合わせ、「これください」とペンケースを差し出しました。

「このペンケース、今日行ってきたお店にもあったんじゃない？」

と私は思わず尋ねました。

「あったけど、アミングで買おうと思って……」

その言葉を聞いて、私は思わず涙が出そうになりました。

「あなたから買いたい」

そう言ってもらえているみたいで、私は胸がいっぱいになりました。まさに商売冥利に尽きるとはこのことだと思います。この日の出来事を、私は一生忘れることはないでしょう。

### Kさんのレポート

幸せの本質とは、何かを手に入れることではない、常に幸せに囲まれていることに気づくこと。そして、良き仲間に出会うこと。私も、いつ行っても楽しそうにキラキラ働くアミングのスタッフに憧れて、ここで働きたいなと思い入社しました。

同じ方向を向いて歩いていける仲間がいるということは、とてもありがたいことです。加えて、道を間違えそうになったときに注意してくれて励ましてくれる仲間がいることは、ありがたく幸せなことです。それを思うと、こんなに幸せに囲まれている環境はなかなかかありません。感謝します。そして、幸せをもらってばかりではなく、与えていける人間になりたいです。

先日、お客様に「今日Ｋさんがいて良かったー！　いなかったらどうしようかと思って来ました」と言っていただけました。恥ずかしながら、お客様に「お姉さん」ではなく名前で呼んでお礼を言っていただけたのが久しぶりで、とても嬉しく幸せな気持ちになりました。私がお客様の幸せのお手伝いをしたいのに、逆に私のほうが幸せをいただいてしまいました。

# 06

## 仕事を心から楽しむ

仕事は生活するための糧、お金を得るための手段ではありますが、それだけではあまりにもったいないことです。

一生懸命働くことで心が磨かれ、心が高められていく。こうしたことが仕事で得られる最高の報酬だと私は思っています。

仕事を心から好きになること、自分が与えられた仕事に脇目も振らずに打ち込んで、工夫をして努力を重ねていくことが、自己の成長につながっていく。失敗を恐れず、挑戦すること、一日一日を大切にすること。学生のときは自分のための勉強だったけれど、社会人になり働くようになると、人のお役に立つため、**人に喜んでもらうための勉強が始まる**のです。

そして、社会（会社）では人と協力してその勉強を進めていかなくてはなりません。自分勝手に判断したり、一人でやろうと抱え込んだりしてはいけません。報告、連絡、相談、確認が大切です。チームでやるのが仕事です。一人で責任をしょいこんでしまうと、荷が重くなって苦しくなってしまいます。

お神輿を担ぐように、一人では全く持ち上がらないものも、みんなで力を合わせ、「わっしょい、わっしょい」と息を合わせ、心を合わせれば大きく重たいお神輿も、案外簡単に担げていつの間にか楽しくなってくるのです。

**仕事は苦しいときもありますが、楽しむもの**だと私は思っています。こう言うと、「甘いんじゃない？」「うまくいっているから楽しいんでしょ？」という声が聞こえてきそうですが、そう思う人にこそ仕事を楽しんでみてほしいと思います。私自身、昔は仕事を楽しめていませんでした。うまくいかないことばかりで、どこか知らないところへ逃げ出したいと思ったこともありました。そんなときに想像してみたんです。逃げ出した自分と、ダメダメでも楽しそうに頑張っている自分を。逃げ出したところで決してそこは楽園ではないし、逃げ出す自分のほうがかっこ悪いと思うに至りました。

私たちがやっていることは、遊びではありません。乗り越えなければならない壁はあり、誰でも簡単にはうまくいかないからやる価値があるのです。諦めなければ、必ず乗り越えられ、成長します。小さなことでも、達成できれば楽しいと感じるはずです。どのみち仕事は大変で、乗り越えるべき問題は山のように存在するのですから、楽しんで取り組んだほうが気持ちいいです。

## Yさんのレポート

「この1年間はどんな1年だった？」と聞かれたら「とにかく楽しかった！」と答えます。失敗することや周りに迷惑をかけてしまうことももちろんありましたが、失敗から一つずつ学び、小さな喜びもみんなで喜び、とにかくお仕事を楽しんでいました。面倒くさいことも喜んでやっていると、不思議とすべてが楽しくなっていきました。気持ちがプラスであるとすべてがプラスになります。もっともっと楽しくお仕事をするためにも、自分だけが楽しい、嬉しいと感じるのでなく、みんなで分け合うということを意識してみようと思います。相手から喜ばれる人間というのは独り占めをする人ではなく、分け合う優しい心がある人です。良いことがあったらすぐに誰かに伝え、一緒に喜び合い、みんなで楽しい！　と感じられる場をつくっていきたいと思います。

まだまだ私は一生懸命になり切れていないと感じます。もっともっと仕事に熱中し、自分という人間を育てていきたいです。この先、できることは山のようにあります。与えられた仕事以外に何ができるか、今一度考えて実行していきます。

# 第2章

# 心を磨くこと

# 07

# 愛されるお店には愛されるスタッフがいる

考え方って、生きていく上でとても大切だと思います。考え方によってその人の行動が決まり、行動の積み重ねがその人の人生を大きく変えていくからです。

一つのことに対しても、考え方は人それぞれ。答えは一つではないし、絶対の正解もありません。同じものを見ても、見る角度や距離が違ったり、時間が違ったり、持っている情報が違ったりするだけで、全く別物のように見えたりもします。

人は、育ってきた環境で考え方を身につけます。相手を認め、相手の役に立ちたいと考える人が周りにたくさんいれば、考え方、そして生き方も良い方向に変わっていくはずです。しかし、人の足を引っ張ったり、だまし合ったりする環境に身を置いていれば、自然と同じような考え方が身についてしまうでしょう。

私はアミングという雑貨店が地域のお客様に愛されているのは、何よりも人から愛されるスタッフがいるからだと思っています。**アミングの最大の目的は「人づくり」**です。スタッフ一人ひとりが**心地良く手をつなぎたくなるような自分**を目指し、仲間と協力し合いながら日々切磋琢磨することを大切にしています。私を含めたスタッフ一人ひとりの成長が、お店や会社の魅力につながっています。会社の成長は私たちの成長の証です。

私たちが大切にしたいこと、そして目の前の一つひとつのことに妥協せず、真摯に取り組んでいくこと。これが、お客様にとって「愛すべきスタッフ」となり「愛すべきお店」になっていく唯一の道だと思います。

## Mさんのレポート

以前の私は、自分に妥協すること、自分を前に出さないことが協調性だと勘違いしていました。しかし、アミングでの勉強を通して、本当の協調性の姿とは、ただ自分が妥協するのではなく、自分を出し、自分自身を活かし、自ら進んで協力し、周りからも協力してもらえるような自分になることだと気づきました。そして、互いが互いを想い認め合わなければ、協力にはならないんだと思いました。

相手にとって、周りの人たちにとって、心地良く手をつなぎたくなるような自分になるために、言葉の使い方、行動の仕方、仕草、姿勢、時間の使い方を見直し、心を磨き続けます。

# 08 自分のものさしで人を測らない

アミングは女性が99％の会社です。そして私自身、女性なのでよくわかるのですが、女性が多い職場って、なんとなく独特の空気が漂っていたり、男性とはまた違った人間関係があったりして、ちょっと複雑だったりすることがあります。悪口、陰口、非難、妬み、やっかみ……。私はそういうのが大嫌いです。

じゃあ、アミングではみんな何の不安や不満もなく、仲良く働いているの？　と聞かれると、そんなにうまくはいかないです。多少の不平不満はあるだろうし、お互いの意見や考え方が食い違ってぶつかることも、理解し合えないことだってあると思います。

人間関係というのは、工夫や努力なしではうまくいかないものです。なぜなら、人それぞれ価値観が違うからです。価値観が違えば考え方や思うことも違ってくるので、互いが自分を通そうとすると、ぶつかってしまいます。

私はよく、価値観を「ものさし」にたとえて説明します。人は自分のものさしを使って「これが好き」「これは嫌い」、「これは正しい」「あれは間違い」などと判断しています。

しかし、自分のものさしで測って「これは違う！」「おかしい！」とただ否定するだけでは相手は理解できません。到底受け入れてはくれません。まずは、**「相手は自分とは違うものさしを持っている」という**

**ことを知ること。**そして、否定するのではなく、相手の考え方を少しでも知る努力をして、理解はできなくてもうんうんと聞ける心の柔軟性を持つことが大事なのです。その心は相手にも伝わるし、そうしていくことで、互いに譲れるところが見えてきて、折り合いをつけることができたり、理解できるところも見つかって、自分のものさしが少し新しいものに変わっていくのです。

理念を共有し、志を同じにしている人間が集まったとしても、持っているものさしはみんなそれぞれ違います。自分本位に、自分の価値観を押しつけてもうまくいきません。人とわかり合い、協力していくためには、まず相手のことを知り、素直に受け入れられる心の器が必要です。**自分と違うところにばかり目を向けていると、相手の良いところが見えなくなってしまいます。**そして、相手からもあなたの良いところが見えなくなります。

すぐにはわかってもらえないかもしれません。でも、否定ばかりせずに、少しでも相手を理解しようと努め、互いに協力しながら仕事を進めていかなければなりません。自己中心的にならず、相手の身になって考えること。無視されても嫌われても、自分は無視したり嫌ったりしないこと。根気よく諦めないで、自分から歩み寄ることが大切です。

### Nさんのレポート

私は最近ニュースなどで報道されている事柄について、本当に嫌な世の中になって、悲しいというか、情けないような思いでいっぱいになります。なぜ人に対して優しくなくなってしまったのか？なぜ自分だけが正しいと主張するのか？　そんなことを毎日のように感じています。他人の考えに耳を傾けてみてそれが自分の考えと違っていても、否定から入るのではなく、一度受け入れてみてもいいのではないかと思います。それが「心のものさし」「心の柔軟性」なのではないかと思っています。

それぞれの立場を理解した上で認め合い、譲り合い、協力し合う、そしてお互いに感謝の心を持っていれば争いごとは減り、穏やかな生活ができるのではないでしょうか。しなやかな心を持って生きていきたいと思います。

# 09

# 素直で謙虚な心を持つ

人が成長していく上で大切なものの一つに「素直さ」があります。「素直さ」とは、単に正直であるとか、人に逆らわず、ただ言われたことに従うということではありません。自分の考え方や価値観、そのときの感情や利害などにとらわれず、物ごとをあるがままに見て、それを受け入れる心を持つことです。

仕事でも趣味でも、本当に上達したいと思ったら、自分より知識や経験のある人、上手な人に教わるのが一番です。**自分のやり方、考え方が一番正しいと思っているうちは一流にはなれません。**無色透明な心で、教えてくれる人の言うことを素直に受け入れることが大事です。そして職場では、相手が上司や先輩である場合に限らず、一緒に働く仲間からの言葉にも耳を傾けることです。どんな人でも、一人きりの知恵には限りがあります。できるだけ多くの人の意見を取り入れれば、失敗も防ぎやすくなり、自分一人では思いもしなかった新たな未来が切り拓けるものです。

誰でも初めはまあまあ素直です。でも、慣れだったり、過去の栄光だったりにとらわれ、いつしか素直さが失われてしまいます。そうなると、人の言葉が耳に入ってきません。他人から学ぶ謙虚さを持たない人は、成長がストップしてしまうどころか、だんだんと周りから置いていかれてしまいます。絶えず素直な気持ちで人から学び、積極的に吸収して、自分の肥やしにしていくこと。素直に人の話をよく聞く人には、相手のほうも「もっとこの人に教えてあげたい」と思うものです。**失敗や過ちは謙虚に反省して、次に活かす。こうした姿勢を持つ人が伸びていく**のです。素直が一番、などと言うと平凡すぎますが、**「素直が一番」**、本当にその通りなのです。

心の勉強会では「素直さ」を人生で大切な心構えとして、そしてその一番根本になるものとして伝えています。素直な心を持って学び、コツコツと実践した人はスクスクと成長していきます。そしてファンがたくさんできてきます。

### Oさんのレポート

私は小さい頃から注意されることがすごく嫌で、怒られると機嫌が悪くなることもありました。素直さが足りず、人からの指摘やアドバイスを受け入れることができませんでした。注意されたり、指摘をされたりして「ありがとうございます」という言葉が素直に出てくるようになったのは、アミングに入社してからです。

実を言うと、新人研修で「人から注意されたら『ありがとう』を言いましょう」と教えられたときには「え？　注意されてありがとう？　どういうこと？」と理解することができないくらいでした。

また、アミングの「11の理念」を暗唱しているときに、「素直」だけ私の頭から抜けていたということがありました。当時お世話になっていたチーフに「理念で出てこないものは今、自分に足りないものなんだよ」と教えていただき、そのときに私はようやく今まで自分に足りなかったものは「素直さ」だったんだと気づきました。

20歳を超えた大人が気づくには遅かったかもしれませんが、アミングで働き、お給料もいただいているのに、こんな大切なことまで教えてもらって、本当に感謝しかありません。

私がここで働いていなかったらどうなっていたかと考えると怖いくらいです。「身も心も健康で幸せでいたいなら素直な心でいること」という社長の言葉を自分に言い聞かせて、毎日生活していきます。

Tさんのレポート

素直な心は人生の中で一番根本になるものです。素直な心は、自分を正しくし、強くし、聡明にすると教えていただきました。素直な心でいるというのは簡単なことではありません。最初はわからないことばかりなので、素直な姿勢で取り組んでいたことも、慣れてくると自分の考えや、これまでの自分のやり方が正しいと思ってしまい、人の意見やアドバイスなどを受け入れることができなくなってしまいます。しかし、そんな自己中心的な考えでは誰も良いアドバイスをくれなくなってしまうでしょう。

人からのアドバイスや助言、苦言に素直な心で謙虚に耳を傾けることは自分自身を成長させてくれます。

そして、素直に「ありがとう」という言葉を伝えることも大切です。「ありがとう」の一言がその人の心を豊かにし、幸せにしてくれます。これからも素直な心で学び続け、感謝の気持ちを伝えていきたいと思っています。

# 10 叱ってもらえたら、成長のチャンス

みなさんは大人になってから、真剣に叱られることってありますか？自分としっかり向き合わなくてはならないほど、ずっしりと重いお説教をされることって、今の時代は少ないのではないでしょうか？

私は、失敗したときこそチャンスだと思って、スタッフが仕事で失敗をし

たときや壁にぶつかったときには、改まって一対一で話をするようにしています。その人が大切なことに出会う、絶好のチャンスだと思うからです。

あるスタッフが、お客様からレジでのラッピング応対のことでお叱りを受けました。お客様は、ラッピングの仕上がりとそのときの応対についてご不満があり、包み直しをご希望でした。すぐにお包みし直すことはできましたが、お客様には大変ご迷惑をおかけしてしまいました。報告を受けた私は、そのスタッフに直接話を聞きに行きました。お客様の気持ちをおしはかること、お客様は私たちにどうしてほしかったのか、なぜそうできなかったのか？　一つひとつ聞いていきました。こうなってしまった本当の原因を知るためです。

お客様には本当に申し訳ないのですが、起こってしまったことは、取り返しがつきません。ですが、これから私たちにはやるべきこと、できることがあります。なぜそうなったのか、本当の原因をちゃんと知ること。そして、反省し同じ失敗を繰り返さないことです。たとえば原因が技術・技能不足だったときは、繰り返し鍛錬します。またそれだけではなく、すべてのお客様に喜んでいただくために、私たちはどんな心で努め、協力し、高め合っていくのかということを改めて考えるきっかけにします。そして、その結果を一つの店舗だけでなく、全店で共有していくことで、スタッフ全員の意識が少しずつですが高まっていきます。

もしかしたらその叱られたスタッフは、一度、誠心誠意謝ってしまえばそれで済むと思っていたのかもしれません。けれども「本当の原因を突き詰める」という逃げ場のない状況になってやっと、自分と真剣に向き合うことができたはずです。見て見ぬふりをして、やり過ごしていたことはなかったか？　自分に甘くなっていなかったか？　お叱りの言葉一つとっても、今までの自分の行動や考え方の結果が表れているのです。

失敗からは多くを学ぶことができます。失敗から逃げ、恥をかくことのない人生には学びはありません。みんな叱られてたくましくなっていくのです。褒められてばかりじゃ成長しません。**耳が痛いことも素直な気持ちで聞いて、これまでの自分を振り返る**ことは大切なことです。

叱られた後は、「勉強になった！　叱られてラッキー！」と思えばいいのです。

Sさんのレポート

仕事を通して、私の心はとても強くなったと感じます。私は褒められるよりも怒られることのほうが多く、正直仕事を辞めたいと考えていた時期もありました。でもそんな風に心が折れそうになったとき、私は社長からもらった1通のメールを読み返すようにしています。

「叱られて大切なことに気づき、だんだんたくましくなっていくのです。褒められてばかりいても成長しません。叱られたくらいでクヨクヨしたり、『自分なんて』と思ったりしないことです。生きている限りチャンスはあります。頑張れ！」

このメールに何度も何度も元気をもらいました。そしていつか、自分も困ったり悩んだりしている人に対して、社長のように元気になる魔法の言葉を掛けてあげられる人になりたいです。

# 11 心のベクトルを揃える

一つのお店には、スタッフが20〜30名ほどいます。みんなキラキラとした笑顔で、お客様に喜んでもらえる素敵な人たちばかりです。

私が採用の条件で一番大切にしていることは、向かう方向が同じ人です。目指していることが同じ人を採用しています。「向かう方向」というのは、「何のために働くのか」が同じということ。目指すところが違う人たちがいくら集まっても、一緒に力を合わせて前に進むことはとても難しいです。たとえば、北海道へ行く船に、沖縄へ行きたい人が乗り込むと、「違った、この船じゃなかった」ということになり、どちらも混乱しますよね。そして、お互いに困ります。

また、働く環境づくりという点でも、「大切にしていること」が同じであってほしいと思います。そのためには、会社が向かう方向をしっかり、はっきり示さなければなりません。そう気づいてから、アミングが大切にしていることをまとめたのが「11の理念」です。初めは5つの理念でしたが、お店やスタッフが増えるとともに大切にしたいことも増えていきました。

私はこの「11の理念」を、毎月行う勉強会でスタッフたちに伝え続けています。理念を社員に伝えるのは社長（経営者）の務めです。社長が心からの言葉と行動で社員に伝えようとしなければ、絶対に伝わりません。

たとえば、毎日声に出して理念を唱和する会社があります。毎日繰り返していると、いずれ暗記し、すらすら言えるようになるかもしれません。しかし、私はそれを理念が浸透している状態だとは思いません。社員全員がその理念の本質を理解し、行動に移せるようになる、実践して初めて少しずつ浸透していくと思っています。

アミングでは、理念に共感し、「私も一緒に働きたい！」と心から思う人を採用しています。そして入社した後も、勉強会や働く現場で、いつも理念に立ち返ることで、心に浸透させていきます。理念を実践する中で人間力が養われ、スタッフの心のベクトルが揃っていくのです。

Aさんのレポート

チーフになり採用に関わらせていただき、人を見極め採用につなげることの難しさを痛感しております。アミングの理念に共感し、自分を磨き成長させたい人、自分と向き合うことのできる人、苦難の中にも喜びを感じ、いつも笑顔で何事も楽しむことのできる人。そんな人たちと共に働きたいと思っています。

「『良い店』とは良い人がいっぱいいること」、と社長がおっしゃるように、アミングは本当に良い人の集まりだと思います。素敵な仲間と働ける喜びを日々感じています。人は、周囲にいる人との関わりによって変わっていくものです。人を通して自分を知る、優れた自分やお粗末な自分を振り返り、気づきを深めて、そしてまた成長が促されていくのだと思っています。

この人と働きたいと感じた自分の直感を信じ、採用申請し、このたび2名採用できました。

新たな仕事に挑戦し大変なことも多いと思いますが、彼女たちが学ぶ姿勢、挑戦する姿を見るとこちらも改めて学ぶことが多いです。彼女たちと共に成長していけるよう、心を高めていきたいと思います。

Oさんのレポート

「自分がされて嫌なことはしない」「相手の立場になって考える」

をもう一度徹底し、一つひとつのどんな仕事に対してもこの二つを忘れずに行動したいと思います。

そして、商品についてももっと責任を持ち続けたいです。無責任な人に任せたら、商品がかわいそうです。商品を我が子だと思い大切にするというお話を聞き、アクセサリーとハンカチの担当をしている私は、商品のことを大切に思っていたつもりになっていただけだと気づかされました。まだまだその気持ちが足りていないと改めて感じました。商品知識や陳列方法などをもっと知ること、勉強することはアミングのスタッフである私の役割です。改めてもう一度、意識を高く持ちたいと思います。

# 12 甘くて弱い、なぁなぁの関係

人は大人になるにつれ、叱られる機会が減っていきます。また、社会に出ると、最初は叱られることもあると思いますが、どんどん後輩が増え、次第に自分が指導する立場になり、叱られることは少なくなっていきます。

たとえ自分に非があったとしても、叱られるということは気分の良いことではありません。ただそれは、叱るほうも同じです。できればお互い、叱ったり叱られたりしない、優しい世界で暮らしていきたい、というのが本音ではないでしょうか。

特に昨今は、さまざまなハラスメントが問題になっています。立場を利用して理不尽な要求を突きつけるパワーハラスメント（パワハラ）に始まり、その数、なんと30種類以上！　パワハラで非難されることを恐れた上司が部下を叱れなくなったとわかったら、今度は部下がハラスメントをちらつかせて好き放題。ついにはハラスメントハラスメント（ハラハラ）まで誕生する始末です。

その結果、上司も部下も、どんどんよそよそしくなっていき、表面的なコミュニケーションしか取れなくなっていくように感じます。何気なく声を掛けたつもりでも、励ますためにアドバイスをしたつもりでも、何かのハラスメントになってしまうかも……、と考え、だったら最初から適度な距離感を保っておいたほうが自分のためだと思って関わらないようにしようと考える人が増えるかもしれません。でも、本当にそんなことでいいのでしょうか？

アミングにおいて私たちが目指しているのは、叱るほうも叱られるほうも真剣であること。感情的ではなく、誠実であること。そして、素直であることです。

お互いに顔色を気にして目をつむるのではなく、むしろちょっとしたことも**見て見ぬふりをしないで、注意し合ったり、苦言を呈したりする関係**を育てています。これは昨今の事情を鑑みて慌ててつくったルールではありません。アミングでは昔から共に育む「共育」を掲げ、このスタンスで人を育てています。

考えてみてください。真剣に商売をしていて、真剣に仕事に取り組んでいるのです。意見が分かれたりするのは当然です。真剣だからこそ、仲間の成長のために、叱ったり注意し合ったりするのです。スタッフ同士がハラスメントを恐れて間違っていても目をつむり、「まあいいか」となぁなぁの関係性になってしまっていたら、仲間うちは波風が立たなくなるかもしれませんが、お客様に対するレベルが下がってしまいます。それってまさに本末転倒。チームワークの弱い組織になってしまいます。それはやがて、魅力のないお店の姿につながります。

キラキラ、ワクワク、心からの笑顔で真摯に仕事に取り組むことと、甘いだけのなぁなぁな関係とでは、天と地ほどの差があります。私たちがやっている商売は、仲良しサークルではありません。「誰かの役に立つ」人間になるために、**真剣に仕事と向き合い、真剣に学び、真剣にお客様の前に立っています**。いわば、店は私たちにとって「真剣勝負の場」であると同時に、「修行の場」でもあるのです。

**叱る、叱られるはお互い真剣に**。そして、長々と時間を掛けず、スパッと終わらせてお互いネチネチしない。叱られたら、起こってしまったことにくよくよせず、引きずらない。気持ちを切り替えて、「(叱ってくれたことに)感謝!」「(成長のきっかけになった)ラッキー!」そんな空気を大切にしていきたいです。

## Oさんのレポート

自分のことは本当にわかりにくいし、気づきにくいことも多いと感じます。いつのまにか自分中心の考え方になり、怠慢になる自分がいます。だからこそ、周りから注意していただく、教えていただくことがこんなにありがたいことだということに気づかされます。相手に対して気になる言動、行動があったら伝えること、無視をしないことが本当に大切であることを改めて感じました。

最近の私はそのことを少しおろそかにしていたと、今日の勉強会で気づきました。もっと自分自身、些細なことでも気になることがあれば苦言であっても声に出していく、相手を想って伝えることが大切で、それが相手を想う行動だと気づきました。思いやりのある行動をこれからもしっかり取っていこうと思いました。

## Oさんのレポート

私は今からちょうど3年前に転職し、アミングに入社しました。以前は全く畑違いの仕事をしていたため、何もわからない私に先輩たちは接客の基本からたくさんのことを教えてくださりました。私が間違ったことをしていると、間違いを正してくださるだけでなく、なぜ間違っているのか？　なぜこうしないといけないのか？　といった理由までしっかり教えてくださるので、仕事そのものだけでなく、働く上での心の在り方についても理解を深めていくことができています。

子どもの頃は、親や先生に叱られたり注意されたりする中で「これはやってはいけない」「こういうときはこうしたほうがいい」と学んでいくことができます。しかし大人になってからは、人から行動を注意されたり、正されたりすることも少なくなっていき、ついつい自分に甘くなってしまったり、このくらいだったら大丈夫だろうと妥協してしまったり、自分のものさしだけで物事を見てしまったりすることがあります。実際に私自身がそうでした。ですが、アミングに入社し、人から注意されることのありがたさを感じるようになりました。言われなければ気づけなかったことを素直に受け入れること、自分の勝手な価値観だけではなく、広く客観的に物事を見ることの大切さにも気づかされました。みなさん私のことを想って言ってくれているのだと感じることができます。注意してくれる人、アドバイスをくれる人がいることはとてもありがたいことです。このような環境で働けること、切磋琢磨できる仲間がいることは職場としてとても恵まれていると思っています。

# 13
# 出したものが入ってくるという法則

良いことをいっぱいしていたら、良いことがいっぱい入ってくる。悪いことをいっぱいしていたら、悪いことがいっぱい入ってくる。どっちがいい？そりゃあ、良いことがいっぱい入ってくるほうがいいに決まっていますよね！

では、良いことって何？

私は「相手が喜ぶようなことをすること」だと思っています。自分がしたこと、自分から出る言葉、その言い方、表情、仕草や態度すべてが相手を喜ばせているかどうか。

特に言葉は、いったん外に出てしまうと、もう元には戻せません。だから、良い言葉を、なるべくたくさん使いたいですよね。相手が喜ぶ良い言葉をたくさん出していれば、その分あなたにも、あなたが喜ぶ良い言葉が入ってくるはずです。

「あんな言い方しなきゃよかった」という後悔をしなくてもいいように、言葉には気をつけたいものです。

ただ、良いものが入ってくるから出すという心持ちではいかがなものかと思ってしまいます。良いと思ったことを喜んでする心が大切なのであって、入ってくることを期待して行動するのは、欲深いと思います。メリットやデメリットで判断せずに、**素直に「相手のために」という心を持つ**ことが大切です。

## Iさんのレポート

私の毎日の目標は、「一日、最低一回でもいいから、人から『ありがとう』と言われることをする」です。徳を積んでいけば、そのうちに良いことが返ってくるという言葉を信じています。毎朝、車通勤するときも、車線を譲ったり、割り込みの車へも、お先にどうぞを実行しています。朝から「ありがとう」の合図をされると、とても気持ちが良いです。今回のお話の「人間として正しい生き方」を実践して、心も健康でありたいと思います。

# 14 自分にとってちょうど良い試練

仕事には責任がセットでついて回ります。そしてそれは、入社したての新入社員であっても同じことです。一年生には一年生なりの責任があり、できることを少しずつ増やしていって、一人前にならなくてはなりません。学ぶことが多い反面、できない自分との葛藤の日々が続くと思います。

そして二年目、三年目には、一段上の役割があり責任があります。責任を果たしていくと、少しずつできることが増えていって、自信もついて、頼られるようになってきます。周りから喜ばれることも増えて、仕事がどんどん楽しくなります。そこからさらに一段上の責任を任されて、また新たな挑戦が始まるのです。

人によっては、責任に押し潰されそうになって、「なんで私ばっかり……」

と弱音が出てきたりもします。どんな仕事でも、初めからうまくいくことなんてほとんどありません。多くのことが思い通りにはいかないものです。「こんなはずではなかったのに……」と、予期せぬ事態が発生することもあります。

頑張ったのに思うような結果が出なかったり、人の協力や評価が得られず苦しんだりすることもあります。

**「あなたにとってちょうど良い試練なのではないですか？」**

スタッフに新たな仕事や役職を任せるとき、また、スタッフが何か大きな壁にぶつかったとき、私はいつもそう言います。悩んだり苦しんだりすることがあっても、そうした困難はすべて今の自分にとってちょうど良い試練なのです。その壁を何とか乗り越えることで大切な何かに気づき、成長へとつながっていきます。

今、うまくいかないおかげで
今、追い詰められているおかげで
大きな問題に直面しているおかげで

試練に直面したときは、このように置き換えて工夫や努力をすることを学んでいくのです。順風満帆で生活していたのでは、気づけないことはたくさんあります。

働いていれば、常に責任がつきまとい、日々の仕事に追われ、うまくいかなくてしんどい、そんなときもあります。でも、そうやって苦しんでいるときにはわからないのですが、目の前の問題から逃げずに、今自分ができることを一つずつやっていくと、

必ず道は開けてくるのです。どんなに苦しくても前向きに頑張り出すと、誰かが手を差し伸べてくれたり、励ましてくれたり、応援してくれたりして、不思議なことになんとか乗り越えることができます。そうやって**一つ試練を乗り越えるたびに、何もできなかった自分にできることが、一つずつ増えていく**のです。

私はしんどいからと言ってアミングをやめなくてよかったと、心から思っています。もし途中でやめていたら、今いる素敵な仲間とも出会うことがなかったでしょうし、人生の大切なことにも気づけなかったと思うのです。

仕事をやり遂げること、責任を全うするのには大変なエネルギーが必要です。そして、辛く険しい道のりでもあると思います。でもそれは、自分のために用意された「ちょうど良い試練」。成長のための磨き砂です。自分に与えられることに無駄なことは一つもありません。積極的に、前向きに取り組んでいきたいですね。

## Uさんのレポート

理念を実行することをはじめ、毎日仕事をしながらも当たり前のことを大切にできる環境があることに感謝しています。そして、チーフという立場になったことで、スタッフからの相談や面談のたびに、理念について自らの口で伝えるようになりました。何か問題があったときも、理念に立ち返りながら、朝礼やショップミーティングで話をしてきました。最初は社長の言葉をただ真似していただけかもしれませんが、だんだんと自分の言葉として話ができるようになってきたと思います。

人前で話すことも恥ずかしかったり緊張したりして、うまくできずに悔しい思いをしてきた自分が、少しでも人に頼られるようになったのは、チーフという役職を経験したおかげです。これからもさまざまな試練に直面すると思いますが、社長がいつも「あなたにとってちょうど良い試練ですよ」と言われるように、それを乗り越えられる自分でありたいと思います。

# 15 目に見えない部分を見ようとする

私が得意なことの一つに、ディスプレイがあります。自分で言うのもなんですが、私がディスプレイした売り場は、魔法がかかったようにお客様がその場に引き寄せられたり、立ち止まって、食い入るような眼差しで見てくださったり、そこから商品が売れていったりします。

「なぜ、社長がディスプレイしたものは、よく売れるんですか？？」
「何かコツがあるんですか？」

何か特別な理由があるのではないかと、スタッフたちはよく聞いてきます。私のつくったディスプレイをスマホで撮影していったりします。でも写真に撮って、よく似たディスプレイをつくってみても、なかなか同じようにはならないようです。

ディスプレイでもラッピングでも、上手にできる人って、すごく簡単にやっているように見えます。でもそこに至るまでには、誰にも見えない小さな努力の積み重ねがあ

ります。地道に練習して、何度も何度も挑戦し、いろいろなところに行ってセンスも磨き続けていくうちに初めて出てくるパワーみたいなものがあるのです。

そして何より、一番大切なのは商品への愛情があるかどうかということ。私は、店にある商品は我が子のように思うようにとスタッフに伝えています。どこにでもあるように見えるマグカップ一つでも、必ず、それをつくった人がいます。企画した人の心がこもっています。だから、そのカップを素敵だと感じてくれるお客様に買われていってほしいし、大切に使っていただきたい。そう願うと、店舗の棚にただ効率的に並べるのではなく、その魅力が伝わるようにしてあげたくなる。その愛情から発想が生まれ、ディスプレイにつながっていくのです。

ある店舗に、最後の1点となり、しばらく売れ残っていた商品がありました。最後の1点になると、それまでどんなに人気だった商品でも残り物感が出てしまいます。しばらく売れないとすぐに値下げしたくなりますが、努力もせずに値段を下げてしまうのは残念なことです。もちろん商品価値がその値段に見合わないと思ったときは、私も躊躇なく値段を下げることもありますす。でも、最後の一つまで商品に対する愛を持ち、価値を信じることも必要だと思うのです。

私は、この商品を使ってディスプレイしてみました。すると後日、スタッフが、

「社長、あの日すぐに売れました……！」

と、驚きの表情で伝えてくれました。

どんな仕事も、見た目に表れているのはほんの一部です。良い仕事ほど、ただ真似をするだけではうまくいかないことがほとんどです。そこに隠れた意図やプロセス、背景を認識していなければ、本物には近づけません。努力と、そして愛が必要です。真似するなら、そうした見えない部分も真似することです。**カタチとして見えない部分に、多くの秘訣が詰まっています。**

Kさんのレポート

今月は棚卸があり、改めて商品一点一点を手に取りたくさんの気づきを得ることができました。商品の中には、傷みがあったり古くなったり、元気のない、生きているのかなぁ、と思う商品がいくつもありました。でもそれは日頃見て見ぬふりをして無視してきてしまった結果だと思いました。

動植物だけでなく商品はみんな生きている。商品も「『この人に面倒を見てもらいたい』、『この人は嫌』と思っている」と学んでからは、商品一点一点にも心があり私たちのことを見ているんだと意識するようになりました。商品も子どもと一緒で、愛情を持って大切に扱うことで喜んで活き活き輝いていくと思えるようになりました。また、愛情を注いだことで売れたときの喜びも倍になります。

商品も子どもと同じだと考えれば無視なんてできるわけがありません。ディスプレイでより素敵に見せたいですし、たくさんのお客様に手に取っていただきたいです。そのためには、自分自身がもっともっと勉強してお客様のお役に立てるようにレベルアップしていかなければなりません。

# 16

## 「アホばっかりや」

アミングがまだ1、２店舗だった頃の話です。

あるとき、お客様からお叱りを受けました。

「雑貨屋の店員は勉強をしてない。アホばっかりや。商品のことをもっと勉強せんと役に立たんぞ！」と。

そのお客様は中年の男性でした。お叱りを受けたときは大きなショックを受けました。でも、おっしゃっていることは、ごもっとも。後に私は、そのお客様の声は神の声だったのではないかと思うようになったのです。だって、「アホばっかりや」なんてわざわざ伝えてくれる人がいますか？　初めから期待もしていない店だったら、「もう二度と来ない」と思うだけで、何も言わずに店を出てしまうと思うのです。

叱るって、すごいエネルギーを使います。そうしてでも、私たちに伝えたかったということは、**お客様はその分だけ私たちに期待してくれている**からだと思います。そう理解した瞬間に、**感謝の気持ちとやる気が湧き上がって**きました。

「そうか、もっと勉強しないと、お客様のお役に立てないんだ!!」「喜んでもらえないんだ!!」

品物だけ綺麗で可愛いだけじゃ全くダメなんだと気づいたのです。

そこから、商品の知識や技術を学ぶこと、それらをみんなで共有することを始めました。今では、セミナーや展示会に出かけていって勉強したり、メーカー様に来ていただいて勉強会を開いたりして、スタッフ一人ひとりが積極的にスキルアップするようになりました。コンシェルジュ制度をつくり、ベビーやコスメなどカテゴリーごとにコンシェルジュが育ってきています。

また、年に2回、東京ビッグサイトで開催される、雑貨業界では国内最大級の展示会「東京インターナショナル・ギフト・ショー」に参加するスタッフも年々増えていて、多いときには70名以上のスタッフが展示会へと足を運び、一日100社以上のメーカー様から新商品や、おすすめ商品について学んできます。

商売をしている人間にとって、**どんなお客様のどんな声も、無駄にしては**

**いけません**。もし、あのときのお客様が何も言わずに帰ってしまわれていたら、私たちは「勉強しなければ!」「技術・技能を習得しなければ!」という強い気持ちを抱かないまま、だんだんと選ばれないお店になっていったかもしれません。やっぱりあれは、神の声だったのだと思うのです。

Hさんのレポート

アミングは他企業の方からの注目度が高いと感じます。お世話になっているメーカー様はもちろんのこと、求人関係の方や同業の方からも期待値が高いことを、現場にいる自分は身に染みて感じています。そして、そういった関係者の方だけではなく、お店に足を運んでくださっているお客様からも、雑貨屋としてはかなり高い期待を持たれていると感じています。

お客様のお声として届くものの中にはお叱りの言葉もあります。ただ、ほとんどの方は今後の改善を期待してくださっていて、アミングがそこで失敗しても終わることはなく、さらに成長を遂げていってくれるだろうという信頼の気持ちが込められていると思っています。そうしたお客様の想いも、会長・社長をはじめスタッフ全員で築き上げてきたもののおかげだと改めて感じています。

アミングという会社は、たくさんの人の心を育んできました。私もその中の一人です。入社当時こそ「心を磨く学校」とはどういうことだろう？　と、よくわかっていませんでしたが、約４年間、さまざまな人と接し働く中で、心の在り方が変わったように思います。商いを通して学ぶことで自分の世界が広がったように思います。

# 17 目標をはっきりさせる

『人が成功するためには持っていなければならないものがあり、それは明確な目標とその達成のための明確な計画を立てること、そしてそれを成熟したいという願望である』

――ナポレオン・ヒル

私はこの言葉が好きです。特に重要だと思うポイントは『目標をはっきりさせる』という部分です。一社会人として働くみなさんそれぞれに、仕事を通して、人生を通しての目標を持ってもらいたいと思っています。そして、「自分は何を成し遂げたいのか」「自分の人生をどんな人生にしたいのか」を常に心に持っていてほしいと思っています。

とは言え「目標は立てられるけど、毎日意識しているかと聞かれると怪しい」という人は少なくないのではないでしょうか。毎年お正月に今年の目標を立てて決意しても、桜が咲く頃にはすっかり忘れているのです。

アミングでは、目標達成までの道のりを細かく分けて考える方法を取り入れています。自分で立てた目標を紙に書き出し、期限を決めて、行動しチェックするところまでを計画するのです。

ここで大事なのは、**「目標を紙に大きく書いて、目につく場所に貼っておく」こと**です。この「いつも目につく＝いつも意識する」ことが大切なのです。目指すところ、達成したいことを常に意識できていると、その人の行動は最終的な目標に結びつけられるので「なんとなく」の作業が減っていくはずです。

また、それぞれのステップにも意味があります。

まず、書き出すことについて。

世の中で目標を明確にして書き出すことができる人は、わずか３％しかいないそうです。書き出すことで、自分でしっかり目標を認識する。これが第一歩です。

次に、**期限を決める**ことについて。何事にも期限がないということは、急がなくてもいいということです。どうしてもぐずぐずしてしまい、なかなか進みません。そうした状況が続くと、目標自体が曖昧になって、どんどん後回しになってしまいます。

やることリストについては、目標の全体像をつかむために必要な作業です。そして、このリストをもとに計画を立てます。

**「行動」**、は言うまでもありませんね。いくら目標を設定して計画を立てても、行動しなければ、当然目標は達成できません。とは言え、瞬発的な行動でも長続きしません。毎日のルーチンワークに組み込めるまで具体的にして、普段の仕事の延長線上にゴールがある状態に持っていくことが、ベストな目標の立て方だと思います。

また、定期的に「目標追跡シート」をつくること。月・週・日ごとに立て

## 目標を大きく書いて目立つ場所に貼る

た目標が達成できているかどうかをチェックし、振り返る機会を設けます。小刻みに振り返ることで評価・反省・改善していくことができます。

会社ごとに、そして人によって目標の立て方や達成までの対策はさまざまだと思いますが、いずれにせよ「目標をはっきりさせ、常に意識する」が大事です!

### Hさんのレポート

勉強会の中で、「どんな自分になりたいか」という質問があり、みなさんが瞬時に回答されていました。私も心の中で考えましたが、すぐには思いつきませんでした。これは今の自分が見えていない証拠だと思います。自分の現状を把握して、足りないことは何か、もっと伸ばしたいことは何か、それがわからないまま目標を掲げても、向かいたい方向へは行けないのだと気づかされました。

まずは自分にできていないこと、足りないことから目をそらさず、どうなりたいか、どんな自分でありたいかを考え、そのために何をするべきかを掲げたいと思います。これからの自分を変えられるのは自分しかいません。そのために「今」何をするべきか、大切な人生の一瞬を重ねていかなければと思います。

### Tさんのレポート

毎月立てている目標、毎年立てている目標がありますが、お恥ずかしながら、アミングで働く前まではここまで明確な目標を掲げたことがありませんでした。何となく「こうできたらいいなぁ」と心の中で思うだけで、年始にそう思いながらも、もう一月後半にもなれば、そんな思い浮かべたことを忘れたようなふりをしてきてしまったような気がします。

目標を立てることは最初とても難しく感じました。でもそう感じていたのは、今の自分のことをあまりわかっていなく、自分がどうなりたいのかということに対しての考えが甘かったからだという気がします。

改めて自分を見つめ直して、どうなりたいのか、どう生きるのかをよく考えて、さらに、前はこうだったからもっとこうできれば良くなるんじゃないか、と反省を活かして振り返ることをすれば、自ずと目標が見えてくる。そうして小さなことを積み重ねていけば、成長していくことができるんだと学びました。

今はまだ大きな挑戦をするところまで見えていないのですが、コツコツとまず今の自分ができそうな目標を達成していき、いつか大きな目標に挑みたいと思いました。挑戦することを諦めず、目標に向かって、はつらつと生きていきたいと思います。

## 18
# 感動を与える売り場をつくる

アミングでは「52週の売り場づくり」をしています。１年間、毎週売り場のテーマを考え、ディスプレイを変えています。

売り場に並ぶ商品も、短いサイクルでどんどん新しいものに変わっています。３カ月以上置いてある商品は少ないと思います。

「アミングさんでは、見つけたらすぐ買わないと。次来たらないかもね！」と、お客様から言われることもあります。ディスプレイも変わり続けているので、店に来るたび初めて見るものがいろいろあって、「あれ！　また雰囲気変わった!?」と驚かれることもしょっちゅうです。いつ来ても新鮮な気持ちで楽しめて、ずっといられる。そんな店であり続けたいと思っています。

私たちは、常に**「お客様に感動を与える」ことを使命としています**。そのためには、お客様に喜んでもらえるような「素敵なこと」「新しいこと」「感動」を絶えず創造していかなければなりません。ただモノを売るだけではなくストーリーを奏で、創意工夫を続けていくことが大切です。

私自身、**「そこに感動と喜び、Ｈａｐｐｙがあるか？　愛はあるか？」**ということをいつも問い続けて、考え続けてきました。世の中にあるたくさんの店を見て歩き、買い物をしてみる。お買い物の楽しさって何だろうか？どんなお店をつくったら感動してもらえるだろうか？　自分の五感すべてを存分に使って、お客様がウキウキ・ワクワク、Ｈａｐｐｙになれるお店づくりを目指し続けてきました。そのためには、一つひとつの商品の魅力を引き出してあげること、コーディネートできるセンスを身につけることなどなど、探求はこれからも続きます。

何より自分自身が感動しないと、人に感動を与えることはできません。感動を見つけにいろいろな場所へ出かけることを続けていきたいです。コロナ禍では自粛を余儀なくされましたが、これからまた、感動を見つけにどんどん外へ出かけようと思っています。感性が鈍らないように。アミングが最高にＨａｐｐｙな店であり続けるために。

Ｓさんのレポート

「アミングの『素敵』は日々進化していくこと。今どのような提案がアミングらしい『素敵』なのか？　日々勉強し考え続けること」

これは、私が先輩のＨさんから学んだことの一つです。

気になる売場があったら、アミングの他店舗に積極的に画像の依頼をしたり、直接話を聞いてみたりすることも大切です。本部のバイヤーをされていたHさんは、「本部にいると、何がお客様の反応が良いのか細かいところはタイムリーにわからない。実際に見て、お客様とお話ができるから店舗にいることはとてもラッキー」とおっしゃっていました。お客様と直接お話ができること、商品が売れるところを直接見られることは、店舗スタッフの特権なのだと気づきました。当たり前と思っていたことも、見方を変えればとても楽しみが深いものなんだと知り、私もどんどんお客様とお話をするようになったりと、売り場にいるときの過ごし方が変わりました。

# 19
# 偶然の出会いなんてない

私たちが人間として生まれてきたことには、大きな意味があると思っています。それは、たくさんのお金を得るためではないし、地位や名誉を得るためでもない。人間がみんな心の中に持っている「思いやりの心」「素直な心」「誠実な心」「感謝する心」を発揮し、一生懸命心を高めることなのではないかと思います。それを「徳を積む」と表現する人もいるでしょう。

では、どうやったら心を高められるのでしょう。私がたどり着いた答えは、「利他」の心を持ち、行動するということです。**「利他の心」とは、喜んで世のため人のために尽くすという美しい心です。**

思いやりの心を高めるには、思いやる相手が必要なように、利他の心を高めるにはその相手が必要です。だから、一人では心磨きや心を高めることは困難なのです。

**心をより高めるその最初の一歩が、人と出会うことです**。その出会いが愛する人との出会いになるかもしれないし、尊敬する人との出会いになるかもしれない。同じ思いを持つ人との出会いになるかもしれないし、自分の持っていないものを持っている人との出会いになるかもしれない。気の合わない人との出会いもあるだろうし、考え方の違う人との出会いもあるでしょう。どんな人との出会いであれ、出会いこそが人の心を高めるきっかけになり、人生を豊かにしていくのです。

あなたは今日も、仕事を通して、いろいろな人に出会うことでしょう。その中で、たくさんの問題にぶつかったり、思いがけない喜びにも出会ったりするでしょう。この**多くの出会いに感謝し、良いことも、うまくいかないことにも感謝し、人生を豊かにしていってください**。そんな人との出会いや、関わり合いの中で、あなたは磨かれていくのです。

学生アルバイトSさんのレポート

女の子と男の子が、お母さんに「お誕生日おめでとう！　いつもありがとう」と言って、店の出口のところで嬉しそうにプレゼントを渡していました。さっきまで僕が包んでいたプレゼントです。そのお母さんは本当に幸せそうな表情でそのプレゼントを受け取り、「二人ともありがとうね」と言って二人の頭を撫でながら嬉しそうにお店を出ていかれました。そのとき気がついたら、自分は少し泣きそうになっていました。

アルバイトを始めてから今まで、僕はアミングでお客様が商品を選ばれて、ラッピングされたその商品をお持ち帰りいただくところまでしか見たことがなく、プレゼントを誰かに渡すところを目の前で見たのは初めてのことでした。プレゼントを贈るという行為の素晴らしさ、親子の温かさなどいろいろなことが重なって自分は泣きそうになってしまったのだと思います。

この体験を通して、アミングでお客様が選ばれているプレゼントは、その一つひとつが、お客様の真心が詰まったかけがえのない贈り物で、また、それは愛や幸せの塊のようなもので。プレゼント選びの応対から、お会計、ラッピング、最後のお渡しの瞬間まで少しも手を抜けるような場面はなく、すべてに愛や感謝の気持ちを込めて、私たちスタッフは仕事をしなくてはならないと感じました。

# 20
# 成長は、工夫と挑戦と失敗の積み重ね

一生懸命やってもうまくいかないことはあります。うまくいかないことのほうが多いかもしれません。でも、うまくいかないことで、何が問題なんだろうか、何が足りなかったんだろうかと考えるチャンスになります。何でもスイスイいったら、考えるチャンスや努力するチャンスがつかめません。**うまくいかないことや失敗は、成長の大きなチャンス**なのです。自分を諦めずに行動し続ければ、必ず成功に近づきます。私はそう信じています。

うまくいかないことと出会ったり、失敗したりすると落ち込みますが、いつまでも引きずらないことを大切にしてほしいです。

くよくよしていても自分はもちろん、周りの誰も喜んではくれません。一人で悩み続けたり、思いを巡らせ続けたりして解決するなら、それも良し。でも、解決しないなら、早く切り替えて、次はどうすればよいかを考えればいいのです。

**考えてもどうしようもないことをずっと引きずって、暗い気持ちでいるのはやめましょう。**前を向いてみれば、やれることはまだまだあります。ずっとネガティブな心でいては、明るい未来にたどり着けません。自分を信じて、動き出しましょう。そして困ったときは一人で抱え込まずに、周りの人に相談したり、助けてもらったりすればいいのです。失敗は決して無駄ではありません。失敗して初めてわかることのほうが多いのです。

失敗を恐れて挑戦をしないほうが損をしていると思います。

かっこ悪いこともあるかもしれませんが、そこを乗り越えて強くなってください。人から非難されたり、怒られたりすることもあります。

そんな自分も受け入れて、新しい自分を生み出していってください。

## Ａさんのレポート

「失敗をしたときに心がくしゃっとなっても、それをいつまでも引きずらない自分を持つこと。失敗をすると落ち込んで元気がなくなるけど、『なにくそー』と思って自分を元気づけることが大事。そうすることで根っこが伸びる」というお話を聞いて、今の自分にとても大事なことだと感じました。そして、子育てにも同じことが言えると思いました。子どもたちを見ていると、失敗して悔しい思いをしたときこそ成長しているなと感じます。次にどうしたら失敗をしないか、考え、工夫をすることが大切ですし、何より、瞬間的に落ち込んでも、どうせ自分にはできないと諦めずに挑戦をすることで強い丈夫な根を張り、何か大変なことがあっても倒れない、負けない人間に成長していくのだなと感じました。根っこが伸びる、見えないところが伸びる。周りから見たら小さくて見えないくらいの成長で、地味なことかもしれないけれど、一番大事なことなのだと今回のお話を聞いて強く思いました。

# 第3章

# あなたは「環境」

# 21

# 自信と信頼

会社の経営を始めた当初、私は信じられる仲間をたくさんつくろうと思いました。新しい仲間が増えたら「信頼し合って頑張ろう！」と声を掛けました。みんなやる気に満ち満ちて、大変ながらも毎日協力し合って仕事をしていました。私は、根拠はありませんでしたが、しっかりとした信頼関係ができていると思っていました。

しかし、そんな仲間たちが次第に、一人、また一人とアミングを去っていくようになりました。

なぜ……？

どうして……？

去っていく仲間の背中を見ながら、当時の私は戸惑っていました。信頼関係を築くのは簡単なことではないとわかっていたつもりでしたが、それでも共に過ごした時間は長く、信頼関係はできていたと思っていたからです。でも、そう思っていたのは私だけだったのかもしれません……。

ずいぶん悩み、時間はかかりましたが、**原因は自分にあるのだ**とようやく気づきました。私は相手に信頼してほしいと求めるばかりで、自分自身は信頼を得られるようなことを何もしてこなかったのです。相手にばかり求めていたんだと気づきました。

そこで私は、自分という人間について考え始めました。

信じることのできる人はどんな人だろうか、自分自身がそんな人になれているのだろうか？　たぶんなれていない……。

信頼関係って、自分の心の器に正比例していくものだと私は思います。大きな心の器を持っていればそのぶん、誰かの心を受け止めることができます。そうすると相手から信頼してもらえて、心を開いてもらえます。周りに求めすぎず、自分を振り返ることを忘れないこと。相手は変えられない、変えられるのは自分だけ。まずは、心から相手を信じることが大切なんだということを学びました。

私は、自分を少しずつ変えていく努力を続けました。必死で、無我夢中で、自分と闘っていたように思います。

気がつけば、いつの間にか理由もわからないままお店を去っていくスタッフは少なくなっていました。女性が多い職場なので、結婚、出産、夫の転勤などのタイミングで職を離れる人はいますが、

「いつかまた、ここで働きたいです」

「嫁ぎ先の県にもアミングがあるから、そこで働かせてください」

「引越し先の町にもアミングをつくってください」

と言ってもらえるようにもなりました。一緒に働きたいと言ってもらえているようで、とても嬉しいです。

信頼してもらえる人間になることって、簡単ではありません。自分の信念をしっかり持って、恥じない生き方をしていくことは、言うは易く行うは難し。**人生の一番の強敵は自分自身です**。反省と改善を繰り返し、いつもしっかりと自分と向き合っていくことを忘れず、自分をリスペクトしていきたいです。もちろん、一緒に働くスタッフのこともリスペクトしていきたいと思っています。

Ａさんのレポート

「一番の戦う相手は自分」

この言葉にはノックアウトされるくらい、本当にそうだなと思いました。私はとても気分屋で、コツコツと積み重ねるといったことが未だに苦手です。これだけ社長の心の勉強会でお話を聞いているのにまだまだ身についていないです。自分に自信がないのもコツコツ積み重ねた経験がないからだと思います。子育てをしていて感じることはやる気＝自信だということで、やる気とは自然に湧いてくるものだと思っていましたが、コツコツと積み重ねることで自分に自信がつき、物事にチャレンジしようという気持ちが湧いてくるのだと社長のお話を聞いて思いました。だから「一番の戦う相手は自分」という言葉は納得ができますし、うまくいかないことを環境のせいにしたり、人のせいにしたりしていることは愚かなことだなと改めて強く思いました。

Sさんのレポート

私事ではありますが、先日40歳になりました。昔は40歳というと、だいぶ成熟した大人のイメージでしたが、いざ自分がなってみると、まだまだ未熟さを思い知らされる毎日です。戦わなければいけない相手は自分だとしみじみ思います。「求めすぎず、いばらず、我慢せず、人を憎まず」。健康であり続けるためにこの４つを意識して生活しています。

「求めすぎず」とは、こうしてほしいという他者に対しての、自分よがりの欲求が出ているな、と感じたら感謝を忘れているサインだと思い、自分を俯瞰して見つめるようにすること。

「いばらず」とは、自分の主張を言いすぎない、ということです。私はつい子どもに対して、こうなってほしい、ああしてほしいと言いすぎてしまうことがありますが、「健康に育ってくれればそれで良い、今は細かいことを極力言わず、見守る、促すということに徹したい」と思うようになりました。

「我慢せず」とは、何事にも自分なりに納得して生きていきたいということです。不条理や不公平は世の中にたくさんあります。そのことにいちいち腹を立てるのではなく、起こった出来事を否定せず、前向きに捉えていきたいです。

「人を憎まず」。これは亡くなった父が教えてくれました。根がとても優しく純粋な父は、そのまっすぐさ故に物事を柔軟に捉えることができず、いつも世の中の不条理に傷つき、苦しみ、怒りを抱えていました。そしてその怒りは自分の体を傷つけ、大病を患い亡くなりました。父の死から学んだことは、辛く苦しいことがあって誰かを憎んだとしても、その怒りを持ち続けてはいけないということです。もちろん瞬間的に怒ってしまうことは誰でもあると思いますが、なぜ私は怒っているのか？　と自分に問いかけ、事実を紐解いていくと、なぜそんなことで怒っていたのか、とばかばかしくなることがあります。こうしてできるだけ早く怒りから抜けることが大切だと思います。

# 22

# お店は「掛け算」でできています

私がお店づくりにおいて何を大切にしているか？　と聞かれたら、「品揃え」「鮮度管理」「クリンリネス（清潔さ）」「ホスピタリティ」これら四つの「商いの基本四原則」に加えて、**「そこにいるスタッフの人間性」**（＝お店の雰囲気）」と答えます。どれか一つでも欠けてはいけません。たとえどんなに良い品揃えで、センス良くディスプレイされていて、ピカピカに掃除されていても、お店のスタッフに元気がなく、笑顔もなく、無表情で、声も暗かったらどうでしょう？

不愛想で、挨拶もしてくれなかったら？

何かを尋ねても、親切に対応してくれなかったら？

何度も通っているのに、顔も覚えてくれていなかったらどうでしょうか？

がっかりしてもうその店には行きたくなくなりますよね。

**お店は、そこに関わるスタッフ全員の掛け算でできています。一人でもマイナスの人がいたら、お店もマイナスになってしまいます。**

品出しなどの作業に集中して、目の前にいるお客様を無視するようなことが一度でもあれば、店の印象はガタガタと崩れます。お店は誰か一人が頑張ればよいというほど、甘いものではありません。スタッフ一人ひとりの表情、言葉遣い、立ち居振る舞いなどが掛け合わさってお店の雰囲気がつくられます。

私はアミングの各店舗を訪れる際、その店の雰囲気が良くないなと感じたら、その店のスタッフ一人ひとりに、どんな気持ち、どんな心で仕事に取り組んでいるか？　ということを振り返ってもらうようにしています。一人ひとりの心持ちが、心地良い店づくりを目指す上ではとても重要です。一人ひとりがとても重要で、一人もマイナスであってはならない。そんなシビアな掛け算の場だからこそ人は磨かれて、たくましく成長していけるのだと私は思っています。

一方で、掛け算にはこうしたマイナス面だけではなく、プラスの面もあります。「相乗効果」と言われるもので、みんながプラスであれば、効果は何倍にもなります。雰囲気が良く好調なお店は、このプラスの掛け算がうまく働いて奇跡を起こすこともあるのです。

プラスの掛け算をしていくためには、一人ひとりが少しずつでもいいから努力し、プラスに成長していくことが大切です。もちろん、人間だから得手・不得手もあります。仕事ができる人もいれば、うまくできない人もいるでしょう。でもだからと言って、**ダメな人は一人もいないのです。人と比べて自分を卑下したりせず**、今目の前にある仕事、自分にできることに集中すること。決して自分の成長を諦めないことです。一人分の力は小さくても、お店はチームワークで動いています。掛け算の効果で何倍にもなって、一人では決して成し得なかったようなこともできるようになります。

Tさんのレポート

私は、他社で長年フルタイムで働いていましたが、家庭の事情で約2年ほど専業主婦をしていました。そんな私がアミングの求人に応募したのは、お客として来店したときの『とても雰囲気の良い綺麗なお店』という印象があったからでした。当時、私が商品を探していてスタッフの方に質問したとき、難題だったかもしれませんが、嫌な顔もせずに的確なアドバイスをいただけました。思っていた通りの商品を購入でき、とても嬉しく帰宅した記憶などから、この店で働きたいと思い応募し、久しぶりのお仕事のスタートを切ることができました。ただ、いざスタートしたものの、最初は覚えることだらけでいっぱいいっぱいになりました。そんなとき、スタッフのみなさんはいつも笑顔で話しかけてくれて、私がへこたれないようにアドバイスしてくれました。「なんて素敵な人たちで成り立ってるお店なんだろう」と感じ、働き続ける勇気をいただきました。私がお客として来店したときに感じた印象は、これが理由だったのかと実感しました。

このお仕事をさせていただくようになってから、他のお店へお客として行くとついつい綺麗さを比べてしまっています。午前中に行ったときに汚れた棚を見ると、「あーこのお店は、お掃除に力を入れてないのかな。それとも、手が足りないのかなあ～」と思うと同時に、もし私がアミングでそんな仕事をしてしまったら、一度のことであっても、お客様にとても不快な思いをさせてしまう。もうご来店していただけないかもしれないし、がっかりさせてしまうかもしれない。私の任されている仕事は、そんな責任のある大切なお仕事なんだと痛感しました。

## Nさんのレポート

私は小・中・高・大学とずっと吹奏楽を続けてきました。一人でただ頑張って練習していても、いざ仲間と一緒に演奏したときに、「一つになれない」と葛藤していた日々を思い出しました。誰かができていても、違う誰かがずれていたり、目標が違ったりしていれば、そのチームが大きな力を発揮することはとても難しいです。みんなが一緒の目標を持ち、心を一つにすることを大切にしているチームは、お互いがお互いの足りないところをカバーすることができるので、人と人が掛け算され、１００％以上の力を発揮することができるのです。

そんな経験を学生時代にたくさんしてきたはずなのに、こうして社会人になって、それを働くことに活かせてなかったとても反省しています。自分だけ良ければいいという考え方を持った人間が一人でもいる限り、目標は達成できません。みんながみんなのために動こうとする人であふれたチームは、必ず目標以上の喜びを感じることができると思います。これまで学んだことを活かして、チームで一つの目標に向かって進んでいきます。

Sさんのレポート

その年、私はオリジナルギフト提案のリーダーになりました。始まりは、どんな組み合わせにしたら良いのか？　というところからの出発でした。先輩スタッフにアドバイスをいただきながら計画を立て、試行錯誤しながらギフト作成を進めていました。期間中は寝ても覚めてもギフト提案のことで頭がいっぱいで、最終日までギフトセットの量産に取り組んでいました。計画以上のギフトセットを作成でき、目標を超えた結果を見たときは、一つの達成感がありすごく嬉しかったです。でも、別のお店ではその数の比較にならないほどの作成数に達していました。なぜ？？　私はその店のリーダーの取り組みの秘密を知りたくて仕方がありませんでした。

後日、報告会で取り組み内容をお聞きし、納得しました。リーダーと担当者だけでなく、お店のスタッフ全員で取り組んでいるということでした。それぞれが自分の役割をこなしながらも、心を一つにして目標に向け突き進む強いエネルギーがあったからこそ、最高の結果を生み出せていたのだと知りました。これでは勝てない。これが「プラスの掛け算」か！　繁忙期にこんな取り組みを可能にするなんて、これで精一杯だと黙々と作成に取り組んでいた私には本当に衝撃的でした。

# 23 良い言葉を使う

一日の仕事が終わり、家に帰るなり、

「疲れた……」

こんな言葉が出てしまっていませんか？　つい無意識で、また自分を労う気持ちもあってのことかもしれません。しかし私はあえて、こうした言葉を口にしないようにしています。その日がどんなにハードワークだったとしても、

**「今日も頑張った〜、私って、すごい!!」**

と元気に自分を褒めたたえてあげるのです。

私は風邪をほとんどひきません。おかげさまでいつも元気です。

「健康のために、何かしていることはありますか?」とよく聞かれるのですが、私がいつも元気でいられるのは、一つは普段から笑顔で、もう一つは〝良い言葉〟を積極的に使っているからではないかと思います。

もちろん、基本的な生活習慣も大事です。暴飲暴食しない、バランスの良い食事を摂る、質の良い睡眠、ゆっくりお風呂に入る――。けれども人間、一番気をつけなければいけないのは心の健康です。心の調子を崩すと、身体にも悪い影響が出ます。大事なのは基本的な生活習慣に加えて、心を前向きに保つための習慣を身につけること。そしてその習慣として私が大事にしているのが、〝良い言葉〟を使うことなのです。


言葉は心とつながっています。人から否定的な言葉を掛けられると嫌な気持ちになるように、自分の口から他人へ向けて出た言葉であっても、それがネガティブなものであれば自分の心にネガティブな影響を与えてしまいます。逆に、ポジティブな言葉を使っていれば気持ちも前向きになり、心は安定していくものです。ちょっとした**ネガティブな感情も、それをポジティブな言葉に言い換えるだけで心の持ちようはだいぶ変わってきます。その積み重ねで、毎日は良い方向に変わっていくはずです。**

自分から出た言葉は、一番に自分の耳に届くのです。

Ｋさんのレポート

社長からお店の印象について「元気がない」とご指摘を受けて、自分のことだとハッとしました。元気なスタッフが多い中、私の負の気持ちが掛け算されて店全体に広がってしまっていたのだと思いました。毎日の仕事に追われてしまい、仕事を通して自分を磨く楽しさを忘れてしまっていました。思い返すと、少し前はとても楽しい気持ちで元気に仕事をしていました。どうして元気がなくなったのだろうと考えたら、ヒントは社長の言葉にありました。「言葉に出すと、その細胞が生まれていく」。まさにその通りでした。最近「疲れた」とかネガティブな言葉を口に出していました。「疲れた」と声に発することで負の細胞がたくさん生まれて元気もなくなり、元気のない私の心が広がってしまいました。取り繕っているつもりでも、社長にはすべてお見通しなのだと思いました。言葉は本当に生きているのだと痛感しました。

# 24 不機嫌は環境破壊

職場で一緒に働く人が、あからさまに不機嫌なオーラを出している。周りの人もその人に気をつかってギクシャクしてしまい、雰囲気が悪い。人を無視したり、そっけない態度をとったり、イライラしていたりして、とってもやりづらい。そんな経験をしたことはないでしょうか？　社会人として、**自分の機嫌の悪さを表に出さない**ようにするのは最低限のマナーだと思いますが、それができていない人が多いように思います。不機嫌な態度や表情は、本人が思っている以上に周りに大きなダメージを与えます。そばにいる人を不快にさせ、挙句に元気まで奪い取ってしまう。これって、立派な環境破壊です。

## 「不機嫌は環境破壊」

アミングでは合言葉になっている言葉です。

この世に一人で完結できる仕事なんて一つもありません。どんな仕事も、必ず何らかの形で他人の協力を得ているものです。不機嫌な態度で周囲の人の足を引っ張るような人は、信頼関係を自ら崩し、周りの環境を破壊しているのです。

もしそんな人が職場にいたらどうすればよいでしょうか。不機嫌な人にこちらから声を掛けるのはとても勇気のいることですが、**無視してほったらかすのはやっぱり愛のある行動ではありません。**誰でも**自分では気づかないうちに、怖い顔になっていたり、周りの人に不機嫌だと思われる態度をとっていたりすることがあります。**アミングでは、常にお互いが意識して、自分の行動を振り返ったり、声を掛け合ったりしています。

また、職場では仕事モードで明るく元気に振る舞えても、家では家族に不機嫌な態度をとってしまうという人もいます。自分の家にいるときぐらい、好きに過ごしたいという気持ちもわかります。ですが、本人が思っている以上に、家族には大きな心の負担となってしまうのです。特に子どもは、お母さんの不機嫌にとっても敏感です。**お母さんが笑顔でいることが子どもにとっては何よりの心の栄養**。それにもかかわらず、お母さんが家でずっとイライラしていたらどうでしょう？　子どもは萎縮し、毎日が不安でいっぱいになってしまいます。家で不機嫌でいるということは、大切な人との幸せな時間を、自分で台無しにしているようなものです。

もちろん人間ですから、常に機嫌が良いなんてことはありません。不平不満のない人はいませんし、忙しいと余裕もなくなります。でも、そんな自分の心を切り替えられるのは自分だけです。ひと呼吸おいて、家族や周りの人の顔を見てみてください。もし暗い顔、不安そうな表情をしていたら、あなたの不機嫌が原因かもしれません。不機嫌は環境破壊。一刻も早く切り替えることです。

共に働いている仲間、そして家族への感謝の気持ちを忘れず大切に思っていてください。

Fさんのレポート

「お店だけでなく、家でもニコニコ笑顔でいましょう。家族は大切。家族あっての仕事だったり、自分なのですから」という社長のお話を聞いて、私は家ではどうか……と自分を振り返りました。

下の娘は反抗期の真っ最中。ちょっとしたことでぶつかります。片付けしない、提出物は出さない、忘れものが多い。毎日、先読みして、お世話を焼きすぎ、ニコニコが減って口角も下がり気味になっていました。本当に反省です。見守りつつ、口角を上げて会話してみようと思います。

毎月の勉強会に参加するたびにこれまでの自分を反省でき、次への改善策が見つかり嬉しく思います。これが別のところで仕事をしていたら、ずっと気がつくことができず、不機嫌でわがまま放題の最悪な自分になっていたことでしょう。

## Mさんのレポート

小学3年生の息子と一緒にアミングに行くと、息子は必ずと言っていいほど、「なんかアミングって落ち着くね」と言います。一人前のようなことを言うなぁと思いますが、子どもなりに感じ取るものがあるのだと思います。

きっとお客様にとってもアミングは、そんな居心地の良い場所なのだと思います。私は、家族にとっても、一緒に働く仲間にとっても、そんな良い空気を出せる人になりたいと強く思いました。家族にはつい甘えてしまい、不機嫌になったり、相手に気を遣うことを怠けてしまいます。そしてそのうち、気を遣うことをやめてしまうときもあります。それじゃいけないと強く思いました。変わりたいし、必ず変えていきます。

# 25

# たった一度の挨拶が、あなたの印象を決める

アミングは会社として「11の理念」を掲げていますが、その一番最初にあるのが「挨拶」です。スタッフ一人ひとりに挨拶の意味、挨拶の大切さについて、丁寧に指導をしています。

挨拶をするときは、何かをしながらではなく、手を止め、足を止めて、相手にしっかりと向き合うこと。そして、必ず相手の目を見て笑顔で元気よく挨拶をすること。小学生でもできることですね。

誰に対してでも、きちんと相手の顔を見て挨拶をすることは、人としての礼儀です。**気持ちの良い挨拶をされると、こちらも気持ちが良いです**し、良い挨拶は互いに元気がもらえます。

挨拶にはほんの数秒しかかかりませんが、その短い間に相手と心を通わせ

たり、まごころや感謝の気持ちを伝えたりすることができます。反対に、どんなに良い商品・サービスを提供していたとしても、挨拶がなかったり、感じの悪い態度では「もう二度とこの店には来たくない！」と思わせてしまうこともあります。

たった一度、ほんの数秒の挨拶が、あなたの、そしてお店の印象を決めてしまうのです。

Kさんのレポート

入社して1年4カ月が経ちましたが、コロナ禍で店舗での勉強会がしばらくなかったため、社長にお会いするのもリアルでの勉強会も私にとっては今回が初めてでした。実際に社長にお会いしたらどのような感じなのか、もう何日も前からドキドキしていました。

勉強会当日の朝、私が出勤したときにはすでに社長やバイヤーの方々が売り場のディスプレイをされていました。みなさんが忙しく作業されている中へご挨拶に伺うのはとても緊張しましたが、「おはようございます」と挨拶をすると社長は作業の手を止めて、とびきりの笑顔で「おはようございます！」と挨拶してくださいました！　わずか５秒ほどの時間でしたが、この一瞬で私の気持ちは大きく変わり、緊張から一変してとてもとても温かく幸せな気持ちになり、感動しました。社長が勉強会でいつもおっしゃっている、「挨拶、笑顔、元気が大事」ということを実感しました。そしてこれほどまでに相手の気持ちに変化をもたらすパワーがある「挨拶」「笑顔」「元気」を改めて大切にしていこうと思いました。

## Yさんのレポート

「自分の顔（表情）に責任を持つ」という言葉、とても新鮮で心に残っています。たとえ一瞬の表情でも人の印象というのは変わりますし、いつもプイッと不機嫌な表情をしていると自分自身の心までもが常にモヤモヤし、人が寄りつかなくなるのではないかと思います。アミングでお仕事をさせていただく以上は、私一人の顔がお店のイメージのアップダウンに関わるというとても大きな責任があります。

高齢者の方であっても若々しくいきいきしていらっしゃる方は、表情がキラキラと晴れやかです。そうかと思えば、まだ10代にもかかわらず、暗く疲れた表情の方は残念ながら老けて見えてしまいます。とてももったいないと思います。日頃の表情で周りの環境、人間関係は大きく変えられるのではないでしょうか。さらに人生を豊かなものにするために、自然と素敵な表情でいられるようになりたいです。

# 26

# 悪口を言わない

正々堂々と生きましょう。

愚痴や不平不満を言っても、何の解決にもなりません。どんなに素晴らしい人でも欠点はあるし、失敗もします。他人は、自分が思う通りにはなりません。

また、**直接見たわけでも、聞いたわけでもないのに、偏見や固定観念で人を決めつけてしまってはいけません。**自分の悪口を陰で言われるのが嫌なら、まずは自分自身が言わないようにすることです。悪口を発すると、マイナスの波長が出てしまいます。そして、それは必ず自分に返ってきます。ただし、**その人のために良いと思うことは、苦言でも直接本人に伝える努力をしましょう。**

また、もしあなたが中傷の被害にあったとしても、自信を失うことはありません。人は勝手な生き物です。自分に都合の良いように、真実を追求することもなく、根も葉もないうわさを勝手に信じて吹聴してしまうものです。あなたは周りに振り回されずに、気にせず堂々としていれば良いのです。

心中穏やかにはしていられないときもあると思いますが、理解し合えない人に振り回されて、大切な時間や心を支配されないように。時にはどこ吹く風で口笛でも吹きながら、相手にしないことも大切なことだと思うのです。

### Mさんのレポート

私の以前の職場は、挨拶をしても無視する人がいたり、誰かがミスをするとミスした本人にも聞こえるように悪口を言っているような先輩がたくさんいました。毎日毎日、会社に行くたびに悪口・陰口が聞こえてくるような環境でした。新卒で就職した職場がそのようなところだったので、どこの職場も同じだろうと思っていましたが、アミングは全然違いました。一緒に働いているスタッフには悪口を言う人がいないところにまず驚きましたし、みんな毎日明るい顔をしています。こんな環境で働けていることがありがたいです。

私は学生の頃からアミングのファンでした。社会人になって、仕事で疲れたとき、特に買いたいものがなくても、なぜか、フラッと立ち寄って商品を眺めているだけで、その空間にいるだけで癒されていました。今は、働いているスタッフが素敵だから、アミングも素敵なのだとわかります。お客様にとって癒しの場所になるように、ちょっとした幸せを届けられるように、日々働いていきたいです。

# 27 子は親の鏡

「**子は親の思う通りには育たないが、親のようには育つ**」とよく言われますが、真実を言い当てている言葉だと思います。だからこそ、親である大人が心を磨く必要があります。誰かは変えられないけれど、自分自身を変えることはできるはずです。子どもにどんな風に成長してほしいか？　と考えるのであれば、自分自身もそんな風に成長できているか？　と振り返ってみてほしいのです。

アミングで働くスタッフには、子育て中のお母さんがたくさんいます。子どもに関する悩みや心配事について、彼女たちから相談を受けることもあります。

思い通りにいかない「子育ての壁」にぶつかるとき、その原因は親である自分自身に見つかるものです。

**子どもは親を映し出す鏡です。親が話を聞こうとしないのに、子どもが言うことを聞いてくれないのは当たり前**ですよね。自

分の子どもがへなちょこだと思ったら、それはお母さんがへなちょこなんです。子育ての渦中にいると、一日一日を過ごすのに精一杯になってしまいますが、自分自身の成長が子どもの成長につながると信じて、心を磨き続けてほしいと思います。子どもにこうなってほしいと思う立派な大人に、まずはあなた自身がなることです。

**どんな子に育てたい?**

- 挨拶や返事がきちんとできる子
- いつも笑顔な子
- 素直な子
- 健康で、明るく元気な子
- 忍耐力があって我慢ができる子
- 周りに感謝ができる子
- 思いやりがある優しい子

●周りの人と協力できる子
●喜んでお手伝いをしてくれる子
●すぐ諦めて投げ出さず、続けられる子
●学ぶことが好きな子
●一生懸命頑張れる子
●挑戦する勇気のある子
●友だちと仲良くできる子
●うそをつかない子
●人の悪口を言わない子
……
あなたはできていますか？

## Kさんのレポート

娘が「アミングに入ってからママは変わったね、いつも笑っている」と言ってくれるようになりました。娘の教育にもつながると思い、心の勉強会で学んだ大切な言葉を紙に大きく書いて家の壁に貼っています。学校の先生が、「面倒くさいことを率先して行ってくれるようになった」「周りに困っている子がいたら声を掛けてくれるようになった」「いつもとても元気に挨拶をしてくれている」とおっしゃってくださり、本当に嬉しいです。これからも娘のお手本となる母になれるように頑張りたいと思います。ビジョンをしっかりと持ち、強く願うということはこういうことなのだと改めて感じることができました。

# 28

# お母さんの人間性が大切

「いつも笑顔で元気ですね」
「その元気はどこからくるんですか？」

時々聞かれます。聞かれるたびに考えてみるのですが……。「元気だけがとりえなんです」と、いつもそう答えています。でも、改めて考えてみると、母親のおかげかな？

私の母はいつも元気で、笑顔で、そして温かく優しい人です。地位や名誉やお金はなかったけれど、それよりももっと大切な、人間としての宝物を持っている人。そんな人に育てられたことが、私にとっての元気の源になっているんだとつくづく実感しています。私が今、こんなに幸せに働くことができているのも母のおかげのように思います。

そして父の存在も、私にとってなくてはならないものだったと思います。その時代には珍しくない、めちゃくちゃ亭主関白な人で、家の中のことはすべて父が権力を握っていました。そんな父に不平不満や愚痴も言わず、毎日明るく笑って過ごす母は本当に偉大だと思いましたし、この父と一緒にいたからこそ、母はこんなに強くたくましくなったのだとも思うのです。

私は、母のことを人間として素敵だなぁと思っています。どんな人にも優しく、慈悲深く、植物や動物を可愛がり、どんな命も大切にする人でした。そんな母に一番に喜んでもらいたいと思い、生きてきたような気がします。母に「〜しなさい」と命令されたり、「〜したらダメ」と何かを禁止されたりしたことは一度もありません。母はただ、私が今日を元気で生きることそれだけを願い、喜んでくれていたと感じています。

大人になり、結婚した私に母が唯一望んだことと言えば「**夫を大切にし、夫婦仲良く生きること**」。そして、私の**子育てに望んだことは「怒らないこ**

**と」**でした。おかげで、私は子どもを怒るということは比較的少なかったように思います。私にとって母は、身近にいる神様のような存在でした。神様が私に望むことってどんなことだろうか？　といつも何かにぶつかったときに考えます。子どもにとってお母さんの存在って、とてもとても大切です。だから、お母さんの人間性って大切なんです。自分がどんなだったら、お母さんが喜んでくれるかな、笑顔になってくれるかな。子どもはいつも心の中で考えているんじゃないかな。

だからこそ、**子どもはお母さんに導かれる。そして、正しく導くことがお母さんの責任・使命だと思うのです。**どんな心のお母さんに育てられたかで、人生が変わってきます。

## Kさんのレポート

今年の初めに、再びチーフをさせていただくことになりました。子どもが二人になり、一人だったときとは全然勝手が違って、毎日ドタバタでした。苦労は何倍かになりましたが、それ以上にやはり楽しく、毎日生きていることが嬉しい！　と感じる1年でした。家族がいて、自分が元気で、仕事ができているだけで幸せ！　ありがとう！　という気持ちでした。周りの人にたくさんご迷惑をかけましたが、たくさん助けていただき、温かい言葉を掛けていただきました。自分一人では何もできません。周りの支えがあっての、自分です。本当に感謝の気持ちでいっぱいです。

子育てでは、最近悩むことも多いです。ほったらかすのもダメ、過干渉でもダメ。叱るのは、子どものためなのか、親の都合なのか。

物事はすべて紙一重です。自分の子どもに、「どんな人間になってほしいか」は結局は自分がどんな人間として生きたいか、と同じなのかなと思います。親として、子どもに大切なことを教えてあげられるように、うそなく誠実に生きたいと思います。アミングにいなければ、そんなことを考えて子育てしていなかったと思います。親になってみて、やっとアミングの考え方が腑に落ちたなと思います。とは言え、まだまだ母親歴４年。これからさらに理解は深まっていくのだと思います。これからが楽しみです。本当に、アミングに感謝です。

# 29

# お母さんの心の豊かさが、幸せな国をつくる

みなさんは「今、幸せ？」と聞かれたらどう答えるでしょうか？「うーん、別に」とか、「意識したことない」とか、「それなりに幸せ（かも）」なんていう人も多いかもしれませんね。

日本は世界的に見ても、とても豊かな国です。しかし、心から「幸せ！」と言える人は果たしてどれくらいいるでしょうか？

今の日本には、人に与え、人と分かち合うことを喜びにできるような、そんな思いやりの心を持った人が少なくなっているように思います。心が貧しくて利己的な人ばかりになれば、国全体の力や幸福度が下がっていくのは当然ではないでしょうか。周りの人のために、そして国のために何ができるか

を一生懸命考えたり、**世のため人のために頑張る**ということをしない人がこのまま増えていき、自分の利益を最優先に生きている人ばかりになると、日本はどうなってしまうのでしょうか？

私は、そんな日本をただ傍観することはしたくありません。

今の豊かな時代の中で、心の豊かさを養うにはいったいどうしたらよいのでしょう。

私は、人が心の豊かさを学ぶのは、まず、お母さんからだと思います。人間はみんなお母さんから生まれます。お母さんのお腹に10カ月いる間に、お母さんの心とつながります。そして生まれてからも、お母さんと育ちます。心が豊かなお母さんのもとで育った子どもは、心豊かな人になります。お母さんから無償の愛情を注がれて育った子どもは、人に愛情を与えることができるようになります。

今の日本が全体的に「心が豊かじゃない」と感じられるのは、お母さんたちの心の豊かさが十分育っていないからではないかと私は思います。

原因はさまざま。そのお母さんのそのまたお母さんが、とにかく自分の子どもにだけは苦労させまいと、過保護になりすぎていたり、逆にほったらかしにして子どもと向き合っていなかったりで、一番大切な心を育んでこれなかったのではないでしょうか。

**子どもって自分（親）そっくりに育ってしまうんです。**自己中心的なところ、自分勝手なところ、自分の思い通りにならないとすぐ人のせいにするところ、イライラしたり、不機嫌になったりするところ……。

自分でもそんな人とは付き合いたくないと思ってしまいます。自分自身の心の豊かさが育たないまま母親になっている人が増えているのが、今の日本の現状なのかもしれません。

偏差値の高い学校へ入れさえすれば「良い子」に育ったと勘違いしていた時代は終わりました。どんな人間が良い人間なのか、一緒に考えながら生きることが、これからの子育てで大切なことだと私は思います。

まず、お母さん自身が人間として成長していくこと、家族のために、世のため人のために、一生懸命になること、良い仕事をすること。心を磨いてキラキラ輝かせてほしいと思っています。

自分が変わり、周りが変わり、世の中が変わり、日本が変わっていく。良い国をつくっていくということは、そういうことではないかと思うのです。

私は、**今の日本をちょっとでも良い方向へ導きたいと願いながら……。教育（共育）の場をつくり、働くことを通して共に心を高めていきたいと思っています。**

アミングでは、社員もパートさんも、すでに子どもがいる人も、お孫さんがいらっしゃる60歳を超えている人も一緒に働いて学んでいます。スタッフから学ぶこと、気づかされることが本当にたくさんあります。アミングは、互いに学び、共に育む「共育」の場です。

心を磨いて、**心が豊かになったお母さんが増えていけば、心の豊かな子ど**

**もがたくさん育ちます。**そしてそんな子どもたちが大人になって、これからの社会を明るく元気に幸せにできると信じています。

これからも「心を磨く学校」を日本全国につくっていきます。

Kさんのレポート

今回の勉強会のテーマは、「未来の子どもたちのために自己成長しませんか?」でした。

自分が今、社会の一員として働いている中で、成長することの大切さ、そしてその目的を見失わないこと、「何のために働いているのか」を常に考えて行動することの重要性を、改めて感じる機会となりました。

一番心に残ったのは、「心をたくましく育てる」というお話です。

「今幸せですか？」と言う質問に「イエス」と答えられる日本人が少ない、というのを聞いていて、思い出したニュースがありました。昨年（２０２０年）、ユニセフが世界中の子どもの状況をさまざまなデータに基づいてランキングした「レポートカード16」というものです。日本の子どもの「身体的健康」は世界1位！　そして、「精神的幸福度」はなんと37位で、ワースト２位だったのです。そのニュースを知ったとき、「え！」と驚いた反面、やっぱりそうなのか、と納得してしまう自分がいました。

レポートを書くにあたり、改めてそのニュースを調べて、日本の評価を見てみました。病気になってもすぐに治療が受けられ、危険な事故や事件も少なく、日本食のおかげで肥満も少なく、健康で暮らすことができる一方で、自殺率は平均より高く、「すぐ友だちができる」と答えた人の割合も平均以下だったそうです。子どもが今、自分のことを「幸せだ」と思うことができない理由は、学校、人間関係、家庭環境、いろいろあると思います。しかし、健康で生きられる身体があるのに、幸せではない！　と言う子どもたちの今をつくってしまったのは、その親世代、大人たちであると思います。

戦後、子どもたちが衣食住に困ることがないように、モノがない苦労を知っているたくさんの人たちが前向きに、必死に、日本をなんとかしなくては！　と、経済を上向きにしてくれました。そして、それは子どもの「身体的健康」世界1位という結果に表れたと思います。ならば次は、心を育てる番です。たくさんの物質的恩恵にあやかった今の大人、社会が、その大きな責任を負っていると思います。「良い仲間に恵まれる」ことに、仕事や生活の中の充実感があると思うと、一人ひとりが自分勝手ではなく、相手のことを想って考え、行動することで心の幸せは満たされてゆくものだと思います。本当の幸せは「与えられる」ことではなく、「与える」喜びであり、自分自身の成長、「自分磨き」を通して得られるものです。

「誰かがしてくれるだろう」ではなく「自分がしなければ」という意識で常に行動すること、そしてそれが未来の子どもたちの手本となり、幸せにつながるように、自分の考えや行動一つひとつに責任感を持って過ごしていかなくてはと感じました。

# 30

## 「ありがとう」を伝える

毎日生きていること。今、目の前に当たり前にあるもの。それは決して当たり前ではありません。感謝の気持ち「ありがとう」を伝えましょう。

温かいごはんが食べられること、ポカポカのお布団で眠れること、電気があり、「おかえり」と言って帰りを待っていてくれる人がいること。今日、私たちがこうして生きていること、働いていることは、決して自分たちの力だけでできることではありません。私たちの先祖たち、育ててくれた家族、今日まで出会った多くの人たち、先生、友だちに対して、感謝の気持ちを忘れてはいけません。忙しいからといって、感謝する気持ちを忘れてしまってはいけません。

**小さなことでも、ちょっとしたことでも「ありがとう」の言葉を毎日口に出して伝えましょう。**きっと、あなた自身の、そして、周りの人の心も明るくしてくれます。

「ありがとう」の一言がどれほど人の心を豊かにし、暮らしに潤いをもたらしていることでしょうか。

毎日小さなことに感謝して「ありがとう」を伝えていきましょう。

### Ｏさんのレポート

入社する以前はこんなにも毎日誰かに、そして何かに改めて感謝することはなかったように思います。後々、「ありがたかった」と思い返すことはたびたびありましたが、感謝の気持ちはすぐに感じ、伝えることが大切だと学びました。

「今日はこんなことをしてもらったな」「自分では気づかないことに気づかせてもらった」と一日の最後に感謝することで、ミスをしたり落ち込んだりするようなことがあった日も、周りの人たちに支えられていることに気づき、「今日の自分は幸せだったな。明日はもっとありがとうと伝えて頑張ろう」と前向きになれます。

体調が悪い日も、働いているうちに周りのスタッフから自然と元気をもらい、帰宅するまでびっくりするくらいに元気に過ごせることもありました。仕事は想像以上に大変でしたが、大変なときはすぐに気づいて手を差し伸べてくれる素敵な仲間に囲まれ、みんなで一生懸命仕事をすることで達成感を感じるとともにまた一つ自分を磨くきっかけになったと思えます。いつ会えなくなってしまうかもしれない世の中で、日々感謝の気持ちを伝えられるよう心がけていきたいです。

Iさんのレポート

今の環境は、とても恵まれていると感謝しております。良い習慣を身につけさせていただけていると思います。特に、「ありがとうございます」の言葉が自然に出てくるようになりました。アミングに入社する前は、一日に何回「ありがとう」を言っていたかな？

と考えますと、何日も「ありがとう」を言えてなかったかもと思います。アミングで勉強会に参加させていただいて、仕事をしていくことで、日常に「ありがとう」があふれていることに気づきました。今では、一日に何回も「ありがとうございます」と言っています。毎日、平穏に暮らせることは、当たり前ではないことに気づき、すべてに「ありがとうございます」と思えるようになりました。

今では、主人にも「ありがとうございます」が伝染したのか、私に「ありがとう」を言ってくれるようになりました。少し前までは、「感謝はしているけど、毎回言っていたら、ありがたみが薄くなる。たまに言うからいいのだ」などと、言っていた主人です。でも、毎朝お弁当をつくって「はい、できました」と置くと「ありがとう」と言ってくれるのです。日常に「ありがとう」が増えると、笑顔になります。とても良い習慣だと思います。アミングで学び、もう９年になります。少しずつではありますが、自分の考え方が変わってきていると思います。「どうせ年なんだから」「どうせ私なんか」という考え方はなくなりました。そんなことを考えるのは、自分にとってマイナスでしかないと気がついたからです。アミングの環境が変えてくれました。

## Aさんのレポート

今回は、東日本大震災後初めての勉強会となりましたが、感謝の気持ちを伝えるということの大切さを実感しました。今までに経験したことのない大きな地震を、あの日私はレジでの応対中に経験しました。大きな揺れが続き、あちこちで物が割れる音がし、このままここにいたら危ないと感じ、お客様を外に誘導した後、自分も裏口から外へ出ました。その後も大きな余震が続き、本当に恐ろしい経験をしました。多くの人が亡くなり、避難所生活が続いている中、こうして今、自分や家族、大切な人が無事に生きていられることに本当に感謝しています。地震直後にやっとつながった母との電話でも、〝生きていられるだけで良かった〟という今まで口にしたこともない言葉を心から伝えていました。

人間なので、ふとしたときについ忘れてしまいますが、毎日不自由なく生きていられること、そして働けることのありがたさは忘れてはいけないと思います。私は人間ができていないので忙しすぎるときについイラだってしまうことがあり、この忙しさは感謝すべきことなのだと思い直すことが一日の中で何度もあります。まだまだ直さなくてはダメだなと思っています。

震災後もアミングにはたくさんのお客様がいらっしゃいます。閉店や廃業に追い込まれてしまった企業も多くある中、こうして営業ができ、お客様に来ていただけることをとても嬉しく思い、感謝しています。こういうときだからこそアミングへ来店されたお客様に良かった、楽しかったと思っていただけるお店にしていきたいと改めて思いました。自分自身がHAPPYでないとHAPPYは伝わらないと社長もおっしゃっていましたが、私もそう思います。笑顔で仕事をし、来てくださったお客様にHAPPYを持ち帰っていただけるよう、今後も心がけていきたいと思います。

### Fさんのレポート

お話の中に出てきた「良き仲間とは、同じ方向を見て、同じ価値観を持つ仲間」。そういった仲間が、このアミングにはたくさんいます。私の嬉しかったことを、自分のことのように喜んでくれます。そして応援してくれます。また、ミスをしたり失敗をしたりしたときは、きちんと指摘もしてくれます。指摘され、落ち込んでしまうことも時にはありますが、私のために言ってくれているのだと、すぐに気持ちを切り替え感謝の気持ちを持つようにしています。「感謝の気持ちを持てるようになる」＝「幸せにつながる」とお話にもありましたが、まさにその通りだと思います。「ありがとう」と言えば、穏やかな気持ちになります。「ありがとう」と言われると、すごく嬉しい気持ちになり、自分のことを誇りに思えて、自分に自信を持てるようになります。「ありがとう」という言葉は、薬だと思います。私は、ありがとうをたくさんいただけるお店をスタッフ全員で目指せたらいいなと思います。私の笑顔でお客様、スタッフや周りの方を幸せにできるよう努めていきます。

# 31 よかったこと日記

私はアミングのスタッフに、毎日、**その日の「よかったこと」を10個書く**ことを勧めています。良かったこと、楽しかったこと、嬉しかったこと、気づけたこと、感謝したことなどを書き連ねていると、自分自身に対してポジティブな感情が生まれてきます。明日に向けてやる気が出てくるのです。

生きていれば、仕事をしていれば良いことばかりではありません。苦しいことや悔しいこともあります。仕事で失敗をして、上司や先輩に叱られることだってあるでしょう。お客様に不愉快な思いをさせてしまうこともあるかもしれません。それでも、視点を変えて、それらを学びや気づきと捉えていくのです。

「今日は職場で大失敗。先輩にめちゃめちゃ怒られた。でも、早めに気づけてよかった。失敗したおかげで大事なことに気づけた。昨日より成長できた！」

「同僚と意見がぶつかってしまった。でも相手の考えていること、不満を知ることができて良かった。明日は自分から謝ろう」

失敗しても、良いことにつなげていけばよいのです。

そして、結婚されている方にはパートナーへの感謝の一言を書くこともお勧めしています。夫婦と言ってももとは他人です。他人を愛し続けることは本当に難しいこと

だと思います。でも、せっかくご縁があって夫婦になった唯一の人なのだから、ずっと心から大切にしていきたいですね。

みなさんもぜひ**「よかったこと日記」に挑戦してみてください。**

### Fさんのレポート

入社してすぐの研修の中で、その日一日にあった「よかったこと」を10個書く、そしてその中に必ず夫への感謝の言葉を書くということを教えていただきました。早速帰ってから実践してみようとノートに書き出してみましたが、思い浮かぶのは子どものことばかりでした。でも夫への感謝の言葉を入れることを意識して、書くようにしました。次の日も、また次の日も続けているうちに、自然と夫への感謝の想いが増え、それが自分自身の行動にも現れてきました。アミングに入社する前は、今思えば、夫婦の関係はあまり良くありませんでした。私が子どものことばかり優先し、夫の話や行動にきちんと向き合わず、悪いところばかりが目についてしまい、イライラしてしまうことが多くありました。そんな私の姿を見て、夫もイライラしたり、寂しい思いをしたり、存在を否定されているような気持ちになったりして、お互いに歩み寄ることができなくなっていたのだと思います。よかったこと日記を書くようになり、私の夫への見方や想いがどんどん変わったことで、夫を尊敬し、優しい穏やかな気持ちになり、思いやりを持った振る舞いができるようになっていきました。自分でもすごく不思議でしたが、自然にそうなれたのです。

もちろん夫も私の変化に気づき、「最近変わったけど、何かあったの？」と聞いてきました。アミングに入社してからよかったこと日記を書いていること、その中に夫への感謝を書くように教えていただいたことを話しました。

夫と仲良くなると、子どもたちにも笑顔が増え、家族の関係も明るくなり、前以上に家族仲が良くなったように感じます。社長の言葉にもあったように、「人を愛すれば、人から愛される」こんな身近なところで実感しています。

Uさんのレポート

毎日を後悔なく全力で生きることは、なかなか難しいことです。毎日やることリストを立てても、チェックの埋まる日もあれば全く埋まらない日もあります。

また子育てでも、今日は子どもをきつく叱ってしまったと、思わず出てしまった自分の言葉に後悔する毎日です。しかし、そんな毎日でも夜、一日を振り返りながら、子どもと一緒に今日の楽しかったこと、嬉しかったことを10個話すことを大切にしています。まだまだ、息子の楽しかったことは10個も出てきませんが、私がいろいろなことを話しているのを全部聞いてくれ、隣で笑っている息子の顔を見ると、「今日は楽しく過ごせた良い一日だったな」「子どもに怒っちゃったけど、話を聞いてくれて仲直りもすぐできて、素直に育ってくれて感謝だな」となんでもプラスに受け止めることができるようになりました。明日が必ず来るとは限らないからこそ、今日という一日はかけがえのない大切な一日であり、一日たりとも無駄な日などないのだと思います。家族と過ごせること、仕事に出られること、すべての環境に感謝し、これからも毎日全力で楽しみながら過ごしていきたいと思います。

# 第4章

# 今を大切に生きる

# 32 アミングのお店づくり

私はお店をつくることが大好きです。

どんなお店をつくりたいか？　それはお客様が一歩お店に入ったら、「わあ、素敵！　感動！」となって、ウキウキ・ワクワクするお店。居心地が良くって、心地良い音楽が流れていて、良い香りで、欲しいものがいっぱいで、嬉しくなる店。

そして帰る頃には「また来たい」「友だちにも紹介したい」と思ってもらえるようなお店にしたい。40年ずっとずっとそう思ってアミングをつくってきました。

リニューアルでつくり替えたりもしたので、90店舗以上、もっとたくさんのお店をつくってきました。ただし、同じお店をつくったことは一度もありません。もっと良くするためにはどうしたらいいか？　いつも考えてきました。進化させてきました。

初めは15坪からのスタートでしたが、今は一店舗約250坪ほどの広さです。入口を入ったときに見える店内の景色、ストリートが左右にあって、小さなお店が並んでいます。通りを進むと次から次へと魅力的なステージが繰り広げられ、大好きなものに出会えるようになっています。商品一つひとつの力も大切ですが、それらをどうコーディネートするか、ディスプレイするか。それによって見え方、感じ方も変わってきます。主役だけでもダメで、その集まりから奏でられるハーモニーが楽しかったり、素敵だったりワクワクするものでないと、お客様を喜ばせることはできません。また、ずっと同じ売り場だと飽きてしまいます。毎週、テーマを考えて売り場替えをしています。1年52週、250坪を一人の感性でつくるということは、ファッション、コスメ、ベビー、ステーショナリー、リラクゼーション、インテリアファブリック、キッチン、食品などのいろいろなカテゴリーを一人の感性で売り場にしていくということです。かなり大変なことだと感じています。そして、それが時代とともに、また、季節とともに変化し彩られ、その時代にあったものにつくられ、小さな感動を生み出しながら生き続けるということは至難の業です。

150坪の大きなお店に初めて挑戦した頃は、アメリカン・カントリーブームでした。アメリカン・カントリーテイストの可愛い雑貨たち、お人形や家具、くまのぬいぐるみ、ラガディ・アン&アンディ、チェックの布、木製品、陶器など、その世界に佇むだけで可愛いらしい気分になれます。バイヤーである私も、次から次へと出会う素敵な雑貨たちのとりこになりました。雑貨たちに囲まれ、一緒に過ごすだけで心が癒されるのを感じていました。なんて楽しい時間なのでしょう。

いつしか、アメリカン・カントリーブームも去っていき、次はあっという間にアジアンブームが到来しました。私の心もすっかりアジアン雑貨一色になり、メーカーさんを探し回りました。商品の情報をかき集め、とうとうタイのチェンマイまで行って雑貨を探し回ったりもしました。楽しい！

もう一つ、お店をつくる上で大切なのが什器です。どんな棚に並べるか、どんな素材、大きさ、雰囲気のものが良いか、いろいろなお店をリサーチしに行きます。雑貨店に限らず、アパレル、食品、コスメの専門店なども、お店をつくるときにとても参考になります。創業して20年くらいは、自己流で、あーでもない、こーでもないと什器をつくっていたのですが、振り返ってみるとワンパターンではあったと思います。

素敵な内装のデザインをやってもらえる会社はないかと探し始めた頃、あるデザイン会社の方に「アミングにはかなり良い商品が揃っているけれど、その価値が伝わってこない。什器を考えてみてはどうか」という助言がありました。すごく衝撃的でした。〝変わらないと〟と強く思いました。

日本国内だけでなく、ニューヨーク、サンフランシスコ、パリ、ロンドンと良いお店があるとうわさを聞けば足を運びました。その後、あるデザイン会社さんと縁があり、お店全体の什器改革が始まりました。今もそのときのデザイン会社さんとの什器改善・売場改革は続いています。力強いパートナーです。

## 33

## 自分のとりえを持っていますか？

「自分のとりえはありますか？」
「これは誰にも負けないと思えることはありますか？」

現場にいた頃の私のとりえの一つは、ラッピングでした。ラッピングすることが大好きで、胸を張って誰にも負けないとりえだと言えます。

アミングでは、オリジナルの包材を使用するラッピングサービスとは別に、お客様が用意された贈り物を、お店で販売している包装紙やリボン、オーナメントなどを使ってお包みするラッピングサービスを行っています。手づくりの贈り物から、お子様へのサンタクロースからのプレゼントまで、お客様から仕上がりのイメージやご希望をお伺いしながら、世界に一つしかない贈り物の仕上げをお手伝いします。毎回、形もサイズも違うので、正直緊張します。失敗の許されない仕事です。贈り物を最高に輝かせることができますように。毎回そんな気持ちを込めてお包みしています。でき上がった作品をお客様にお渡しする直前は、「喜んでいただけるだろうか」といつもドキドキしますが、お客様の笑顔で最高に嬉しい瞬間に変わります。

お客様から「魔法の手みたい！」と言われ、褒めていただくこともありました。お客様がプレゼントを渡す相手の方に「ワァー素敵！　嬉しい！」と感動してもらえるように、そして贈り物を最高に輝かせられるように、コツコツと地道な努力を続けてきましたし、技術だけでなく、センスも磨いてきました。

とりえを持つには、毎日地道にコツコツ、誰にも負けない！　と言えるほど努力をしないといけません。でも、ただひたすら同じことを反復していてもだめで、誰か自分より上手な人から習い、かつ「学び続ける」という粘り強さ、根性が必要になります。

根性って、「根」というくらいに、根っこの部分にあるものなので外からはなかなか見えません。目指すものが見えて、目指そうと本気で思わないと出てこない。出てくるまでは大変で苦しいけれど、出てくると不思議と楽しくなるんです。そうなると「もっとうまくなりたい、もっと吸収したい！」と思うようになって、さらに熱中して、頑張れるようになります。そうやって努力を続けることで、とりえになっていくのです。

**とりえは自然に身につかないし、簡単には身につかないけれど、諦めない**

**で努力し続ければ必ず上達します**し、やればやるほど楽しくなり、嬉しくなり、周りからも喜ばれるものです。

学生アルバイトHさんのレポート

私は現在大学に通いながらデザインについて学んでいます。寝る間も惜しんで一生懸命課題に取り組んでも、満足のいかない結果になることがあります。そのたびに酷く落ち込み、「自分は埋もれる存在なんだ」「自分のとりえなんてない」と思ってしまいます。このように、常にネガティブに捉えて自信のないところが私の弱みです。

このような背景もあり、今回の勉強会での「自分のとりえは何ですか？」という問いかけに、私は答えを見つけられませんでした。

そして、勉強会中であるにもかかわらず泣き出してしまいました。その様子を見て心配してくださったスタッフのTさんが中心となって、勉強会後にスタッフ全員で私の良いところを書いて、手紙にしてくださいました。その手紙を読み、気づいたことがあります。それは、とりえはこれから磨いていけばよいということです。たしかに今は何かで一番になれていないかもしれませんが、私の良いところはしっかりあって、それらをこれからも継続して伸ばしていけばいずれは自分もとりえを持てる。そう思えるようになりました。

# 34 薔薇を見てうらやましがったり、ひまわりを見てひがんだりしない

外を歩いていると、道端にいろいろな草花が咲いています。私はタンポポが大好きです。あの鮮やかな黄色のパワーはどこから出てくるのでしょうか。野原につけた黄色のボタンのようで、見るたびに心がキュンとなります。可愛い。

やがてまんまるの綿毛になって、風に吹かれて飛んでいく――。雨にも負けず、雪にも負けず。また次の春にはどこかで、可愛い黄色の花を咲かせるのです。

**つよいな、たくましいな。すごいな。**

花たちが美しいのは、それぞれみんな違う個性を持って、**かけがえのない**

**命を一生懸命、精一杯生きているからだと思います。**

人の個性や価値観だって、誰一人として同じではありません。顔も違うし、それぞれできること、得意なことも違います。好きだったり嫌いだったり、気が合ったり、合わなかったり、好きになれそうと思える人もいるし、ちょっと好きになれないなぁと思う人もいます。世の中には完璧な人なんていません。みんな違って当たり前。それでも人は、すぐに他の人と自分を比べたがります。優越感に浸ってみたり、また卑下したり、嫉妬してみたり、ひがんだりしてしまいます。

比較してどっちが上とか下とか、決めなくてもよいのです。みんなそれぞれが素晴らしいのです。世の中には、素敵な人がいっぱいいます。見習いたいと思える人もたくさんいます。**自分の個性を大切にして、いろいろな人と素直な心で接していくことが良い**ことだと思います。

薔薇を見てうらやましがったり、ひまわりを見てひがんだりしない。そんな自分でいたいものです。

Mさんのレポート

アミングに入社してから1年が経ちました。同じ4月入社のIさんは、仕事を覚えるスピードがとても速く、今年の新入社員研修も任されていてすごいなと尊敬しています。今は尊敬の気持ちに変わりましたが、実は数カ月前まではIさんと自分を比べてしまい、とても苦しかったです。Iさんはいつもテキパキしていて、説明も上手で丁寧でかっこいいです。私は、不器用で人よりも覚えるのが遅いのです。ついつい比べてしまい、自分のできなさに呆れ、家で泣いたこともあります。

ですが先日、お客様から「私、お名前知っているんです。Mさんですよね。私アミングが好きでずっと通っているんですけど、Mさんの雰囲気が素敵だなって思って、名札を見てずっと名前覚えていたんです。なのでお話しできてすごく嬉しいです！」と言っていただき、とても驚きました。本当に心から嬉しかったです。お会計が終わり、帰るときにも私のところに来てくださり、「今日Mさんと話せてすごく楽しかったです。ありがとうございます。また来ます！」と言ってくださいました。自分のダメな部分ばかりを見ていましたが、良い部分だって必ずある。人と比べるのはやめようと思いました。落ち込んだときや、自分なんてと思ってしまいそうになったときには、あのときのお客様の言葉を思い出しています。自分の中でお客様の言葉が、お守りのような存在になっています。

Nさんのレポート

私はすぐに他人と自分を比べてしまい自分の価値を下げてしまいます。自信もなく、マイナスに考えることが多いのですぐにしんどくなります。考えて答えが出るのならばいいけれど、考えても答えが出ないものは考えても仕方がない。そう頭ではわかっているのに、気づけば考えて落ち込んで、悩んでしまう。そんなときに、社長が「自分の存在を喜んでください！」と言ってくれました。連続１００万回宝くじに当たるくらいすごい確率で生まれてきた自分を、もっと喜んでいいのだと思えるようになりました。

私たち一人ひとりは世界に一つだけの花。薔薇には薔薇の良いところ、ユリやタンポポ、シロツメクサ、それぞれの良いところや特徴があって、一生懸命咲いている。それが良いと言われ感動しました。シロツメクサは薔薇になりたいだろうな、と勝手に思い込んでいました。でも、あのシロツメクサでつくった花冠はシロツメクサだからつくれるんだ、それは薔薇ではできないこと。そう素直に思えました。私も他人と比べず卑下せず自分の良いところをもっと磨いて、自分に自信が持てるようになりたいです。

# 35
# 夢を描くこと、目標を持つこと

みなさんは、いただいた命、一回限りの自分の人生をどう生きますか。どんな自分になりたいですか。

「思いは現実になる」と、本で読んだことはありましたが、私は長らく、それが本当だなんて思っていませんでした。でも、今はその言葉が本当だと確信しています。

アミングを創業して40年、少しずつですが、思いを形にしてきました。まだまだ理想とするところまでは到達していませんが、この思いがなければ、ここまで続けてこられなかったと思います。思うこと、つまりは、夢を抱くこと。「なりたい自分」「人生でやりたいこと」を、**まずは思うことから始めるのです**。目的意識がなく、ただなんとなく流れに身を任せて生きた人と、目標に向かって精一杯努力を重ねて生きた人とでは、最終的にたどり着く場所が大きく変わってくると思うのです。みんないずれ必ずこの世を去る日が来ます。そのときまでに、どうなっていたいか。夢を描くこと、目標を持つこと、そして良い考え方を身につけることは、人生にとって、とてもとても大切なことなのです。

さぁ、まずはノートを用意しましょう。何をしたいのかはっきりとわからない、そんな人にお勧めしたいのは自分の人生の棚卸です。これまでの人生を振り返り、私はどんな風に生きてきたんだろう？　と記憶を深く遡っていきましょう。幼い頃、どんなことをして遊んだとか、好きなものや嫌いなもの、嬉しかったことや悲しかったことなど、自分のことを思い出せる限り書き出してみてください。仲が良かった友人のことや、お母さんが言ってくれた言葉。嬉しかったこと、楽しかったこと、悲しかったこと、感動したことなども書いてみてください。

ここからがさらに大切です！
過去の棚卸が終わったら、これからの人生をどう生きるのかを考えます。
あなたの夢を描いていきましょう。

**あなたはこれから、どんなことをしてみたいと思いますか。**
**なにか成し遂げたいことはありますか。**
**どんな人と歩いていきたいですか。**

今までのことを変えることはできませんが、**これからのことは変えようと思えばすべて変えられます。**だから自分を信じて、新しいページに夢を描いてみましょう。自分の人生のシナリオは自分が描くものです。人生はいつだってここからが本番。やってみたいことに対して「今さら……」「私にはできない……」と諦めないで、楽なほうに逃げ込まずに、自分の理想の未来へたどり着くために地図を描いて、一歩ずつ歩き出そう。自分の人生の主役は自分なのだから。

Sさんのレポート

今回のお話の中で、良い人生を生きるために大切なキーワードを教えていただきました。特に印象的だった二つの言葉について書かせていただきます。

一つ目は、「夢を描き続けること」。私は小学生の頃からアミングのファンでした。笑顔が素敵なアミングのお姉さんに憧れて、アミングで働くことを高校生の頃から決めていました。私はアミングで働くことで夢が一つ叶ったのですが、そこで満足するのではなく次の夢に向けて歩き始めることが、夢を描き続けることだと思います。もちろん、同じ夢をずっと追い続けることも大切だと思います。ただ、夢は叶ってしまうと次どうしたらいいかわからなくなることがあります。目標を失ったときも同じです。自分の環境がガラッと変わり、今まで追いかけていた目標を追えなくなってしまったとき、自分が毎日何をしているのかわからなくなってしまいます。そのため、一つ夢や目標が叶ったり諦めないといけなくなったりしたときは、すかさず次の夢に向かうことが、人生を豊かにしてくれるポイントなのだと感じました。

もう一つは「日本人としての美しい心を忘れないこと」。利他の心、譲り合いの心、相手を大切にする心はやはり日本人の誇るべき姿です。アミングに入ってからより一層意識するようになり、日頃から外出する際などに特に気をつけるようになりました。日頃から美しい心を持ち行動することを忘れず、人に喜ばれる人間に成長していきたいです。月に一度、心の勉強会で自分を見つめ直せる機会をいただけることに感謝し、しっかり自分の心と向き合っていきます。

## Nさんのレポート

この世の中で、いったいどれくらいの人が日々進化を求めて生きているだろうと感じました。毎日一生懸命生きている人でも、今自分が一生懸命になっていることがどんな形でこの先、自分の夢の実現につながっていくのか、そうしたビジョンを持たなければいけないと思いました。目の前のことだけを考えるのではなく、大きな夢を持って今を生きることが大切だと思います。

今、日本の18歳未満の若い世代で、「将来の夢をも持っている」と答えた子どもが、60%しかいないそうです。将来、自分が何をしたいのか想像することが多いはずの世代で、このような結果が出ていることは深刻な事態です。若いから、これから考える時間がたくさんあるからと、この結果を軽視しないほうがいいと思いました。この子たちが将来日本を支える世代になったときの日本は、いったいどんな日本になっているのか？　悲しいですが、私は良い方向に想像ができませんでした。今私たちができることは、自分自身が大きな夢を持ち、その夢に対して一生懸命に努力し、実現させる姿を子どもたちに見せることだと思います。将来自分も子どもを持ったとき、子どもが夢を抱き、実現させるために一生懸命になれるように、自分がお手本となりたいと思います。

# 36

# 変われる人が生き残る

## 「アミングが成長してきて、一番変わったのはお母さんだよね」

ある日、娘からこう言われました。

意図的に変わったというよりも変わらざるを得なかった、というほうが近いかもしれません。会社を始めたばかりの頃は、自分勝手でわがままで自己中心的で、自分の意見が絶対だと思って、それが通らないとイライラして、まさに、不機嫌は環境破壊！　を自らしていました。

思い通りにいかないことばかりであっちにぶつかり、こっちにぶつかりたんこぶだらけ。「もう嫌だ！　何で私ばかりがこんな目に合わなきゃいけないの？」とぼやいていました。

そのうちに、「自分が変わらなくてはどうにもならない」ということに気づきました。それからは少しずつ変わってきたと思います。まだまだ時々、自己中で自分勝手な自分がムクムクと出てきますが。こだわりも思い込みもいったん横に置いて、**耳が痛いような指摘も素直に受け止めようと努力しています。自分が少しずつ良くなることで、会社も良くなっていき、良いスタッフにも恵まれるようになりました。**私もアミングも、変わってきたから生き残れている――、今はそう思います。

今は変化の激しい時代です。世の中は刻々と変化していて、世の中が変われば価値観も変わり、必要とされるものも変わっていきます。お店も企業も、そこで働く従業員だって、進化しなければ生き残れなくなります。

しかし、人は得てして変化を好まず、現状を良しとしがちです。そのほうが自分にとって楽だからです。でもだからと言って、**新しいことや困難なことにチャレンジせず、現状に甘んじるようでは進歩も進化もありません。自己成長など到底あり得ません。**

「今のお給料で十分」「楽な仕事だからずっと同じことをやっていたい」「面倒な仕事をわざわざ自分からもらいたくない」「新しいことを覚えたくない」。こうした考え方でいる人は、進化できません。自分を進化させられない人は、やがて必要とされなくなり、社会から淘汰されていってしまいます。自分は進化しなくてもいいなんて悠長なことを言っていられないのです。

アミングには定年退職はありません。**人間は働ける限り働くのが一番幸せです。**「悠々自適でのんびり暮らす」なんてことをしたら、すぐに体も心も、頭もなまって動かなくなってしまいます。私も若い頃のようなハードな仕事の仕方はできませんが、自分が責任を持ってやれる仕事がある限り、お役に立てる限り、続けさせてもらいたいと思っています。いつまで続けられるかはわかりませんが、少しでもお役に立てるように自分磨きをサボらず、学び続けていきたいと思っています。

Iさんのレポート

アミングでは、人からわざわざ教えてもらえないことを、心の勉強会を開いていただいて教えてもらえます。「生きるための真の姿」「感謝すること」「前向きに生きること」「ポジティブな言葉を使う」といったいろんなことを、お話からや日頃の仕事の中からでも勉強することができます。私が入社してから、あっという間に10年が過ぎようとしています。私にとって、とても貴重な10年でした。この10年で、私は前より少し周りを見ることができるようになりました。自分を反省して常に前を向くようにしています。働く場所がある幸せ。みなさんに喜んでもらえる幸せ。周りの人と同じように、自分も頑張ろうと思えるようになりました。この歳になって、学ぶことが楽しいと思えるようになりました。

10年前、アミングに入社していなければ、今こんなに毎日笑っていなかったかもしれません。子どもが小学生の頃のママ友と、30年ぶりくらいに会って話がはずみました。「久しぶりに会ってもキラキラして楽しそうでうらやましい」と言われました。そのように見られてビックリでしたが、嬉しかったです。アミングで働いているおかげだと思いました。私は、自分の成長のために、アミングで働いています。みなさんに喜んでもらいたい。みなさんのオアシスのような存在になりたい。笑顔になってもらいたい。

良いことも悪いことも、出したものはすべて自分に返ってくると教えていただきました。返ってくるのは良いことのほうがいいので、良いことをたくさん出していこうと思います。これからも、体力の許す限りは、頑張って働いていこうと思っています。

# 37 アミングの食堂

「ランチの準備ができましたよ〜」

アミングのオフィスでは12時半のランチタイムになると、食堂のスタッフがこんな風にオフィスのみんなに知らせに来てくれます。料理が温かいうちに、美味しく食べてほしいから。また、衛生面にも気を遣ってのことです。

２０１３年にアミングの新社屋を建てることになったとき、私は「スタッフのために食堂をつくろう！」と決めていました。コストの面から社員食堂の設置を諦める会社も多いようですが、当時の私の意志は揺るぎないものでした。

以前はちゃんとした休憩室がなく、お昼の時間もパソコンの前に座ったままおにぎりを食べている人がいたり、昼食をとったのかもわからないような人もいました。若いうちはそれでも問題なく働けるのかもしれませんが、これから母親になる人たちが、これではいけないと思っていました。若い女性スタッフはもちろん、働くお母さんを健康面でも支えたいという想いもありました。

心を込めてつくられた、野菜もりもりのランチは季節の色とりどりのメニューで工夫されています。ランチをいただいたスタッフからも「美味しかったです」「今日もありがとうございます」と感謝の言葉があふれます。ランチがこんなに楽しみになるなんて、思っていた以上です。

### 厨房スタッフーさんのレポート

社長から「食堂をつくろうと思っている」とお仕事のお誘いをいただいたとき、その経緯を伺い私は感動しました。スタッフのみなさんの健康を考えて、ここまで考えているなんて、なんて素敵な会社なのだろうと思いました。そして私はそこで働くことを決めました。初めはうまくつくれなくて苦労しましたが、今はみなさんの喜ぶ顔が見たくて頑張っています。

時々、食堂スペースで商談があるのですが、ある日、商談相手のメーカーさんから「失礼かもしれませんが、この規模の会社で、これだけの食堂があるところは、私が知る範囲では、まずありません。すごくうらやましいです。スタッフさん、いいですね」と言われたことがあります。そのとき、とても誇らしい気持ちになりました。みなさんに、うらやましがられる食堂で働くことができて嬉しいです。

また、この仕事のために食事の勉強をいろいろしてきたことで、我が家の食生活も変わりました。健康を損ねて前職を55歳で早期退職した私ですが、おかげ様で、主人も私も風邪をひかなくなり、健康で60代を過ごしています。主人は周りから「この歳で持病もないなんて、奥さんのおかげだぞ」と言われるそうです。自分がしてきた以上のものが、いっぱい返ってきています。

# 38 継続することでやりがいになり、生きがいになることもある

私には、20年以上続けていることがいくつかあります。その一つがアーティフィシャルフラワーを使った、フラワーアレンジメント教室です。

フラワーアレンジを始めた頃は、まさか自分が教室を開くようになるとは思ってもいませんでした。最初はつくること自体が楽しく、見よう見真似で

どんどん没頭していったのですが、いろいろなアレンジをつくっていくうちに、独学ではとても自分のイメージする作品をつくることが難しいと感じ始めたので、フラワーアレンジメントの先生のもとで基本を勉強することにしたのです。

先生からはたくさんのことを学びました。「いくつになっても学ぶって素敵なことだな！」とつくづく感じましたし、自分の姿勢一つでこんなにも世界が広がるものかと思えました。そして特に勉強になったのは、基本を大切にすること、そして技術とセンスを磨くことでした。センスを磨くにはセンスの良いものをいっぱい見て「素敵」を感じ、感動し、真似してやってみることが大事です。技術を学んだからといって終わりではありません。むしろ、そこからがスタートです。どんなことでも、それをプロの領域にまで高めるためには鍛錬を続けることしかありません。

私はアーティフィシャルフラワーのアレンジをたくさんつくりました。つくっては崩し、つくっては崩し、たくさんのフラワーを捨ててきました。捨てられた作品を見て虚しい気持ちになりましたが、お客様に見ていただいたり、買っていただいたりするような作品はそう簡単にはつくれないのです。

そんな折、先生から、教室を開くように勧められました。もともと教室を開くという考えはなかったのですが、これもご縁、チャレンジだと思い、教室を開くことにしたのです。結果的にこの判断は、私のフラワーアレンジのスキルを劇的に高めてくれました。

教室を開いたばかりの頃は、全く参加者が集まりませんでした。そこで私は、技術とセンスを磨くための勉強に一層力を入れました。「教室に参加してもらいたい」という明確な目標ができたのが良かったのだと思っています。

**〝継続は力〟**です。思うようなアレンジができなくても諦めずつくり続けました。納得のいく作品ができるまでつくり続けようと心に決めていたのです。今思うと、利益も出ていなかったのに、よくここまで続けさせてもらえたと思います。今も毎月開催を続けていますが、大変ありがたいことに、予約はすぐにいっぱいになります。10年以上、毎月参加してくださっているお客様もいらっしゃいます。

「ここへ来ると楽しい」

「仲間ができて嬉しい」

「月に一度ここに来るのが生きがい」

と言って、季節に合わせたアレンジを楽しみに来てくださいます。お客様同士が毎月集まって作品をつくり、お互いに讃え合う。本当に素敵な時間です。続けてこられてよかったです。**「楽しい！」から始めた小さなタネが、育ち、花が咲き、今では私の生きがいになっています。**

# 39

# 人生はファン獲得競争

「人生はファン獲得競争」

私の義父が生前よく口にしていた言葉です。そしてこれは、私の口ぐせにもなりました。ファンと言っても芸能人やスポーツ選手のファンのような熱心な支持者のことを指しているのではなく、シンプルに私を好きでいてくれる人、私と一緒に仕事をしたいと思ってくれる人、私と時間を共有して楽しいと思ってくれる人、私を応援してくれる人、私を信頼してくれる人、愛してくれている人……のことを、私はファンと表現しています。

義父の思いとしては、人生でどれだけの資産や地位を築いたかということよりも、どれだけ多くの人に信頼され、感謝され、愛されたか――。つまり、**人に恵まれることが、人生の幸せ**だという意味だったのでしょう。

世の中には自分の内面よりも、見せかけのかっこよさや美しさなどで人からの評価を得ようとする人もいます。でも、**本当に大切にするべきなのは、人と人のつながり、互いを大切に想う心なのではないかと思います。心を磨いて、自分のファンをどんどん増やしていきたいですね。**

Nさんのレポート

「ファンはいますか？」という社長からの問いかけに、自分はまだ、自信を持って「います」と答えることができませんでした。「あなたといると、嬉しくなる、頑張りたくなる、笑顔になる」そういった言葉をいただけるように、自分を磨いていかなければと思いました。自分にとっては、そんな風に思える人たちがすぐに浮かびます。その人たちのことを考えると自然と心が温まり、そのような存在に出会えていることへの感謝も日々感じています。

先日、遠方に住む学生時代の友人に、10年以上ぶりに会ってきました。久しぶりであることを忘れてしまうほど、当時のままに心を通わせることができました。後日のメールで、私と話せて励まされた、元気が出た、前向きに生きていこうと自然と思えた、という内容を伝えてくれました。私が心から楽しんだ時間を一緒に過ごせた相手に、こんなにもプラスの感情を与えることができるんだと、これは自慢でもなんでもなく、本当に驚きました。話したことはアミングで学んだことばかりでした。そして、これをアミングの店頭で実践すればいいんだ、ということに気づきました。心からの笑顔やおもてなしで、何より私自身が楽しんでお客様と接することができたら、自然とファンになってくださる方もいるのではないかと思っています。

# 40 今日という一日を大切に生きる

**「一日一日の積み重ねが人生です。今日という日は二度と来ません。今日という一日を大切に、一生懸命働きましょう」**

毎回、心の勉強会の最後をこの言葉で締めくくります。

商売の右も左もわからないまま商いの世界に飛び込み、早40年。辛いこともたくさん経験して、悔しさや不甲斐なさで涙する日もありました。それでも今、こうして会社を続けられているのは、お客様やお取引先様、スタッフみんなのおかげです。少しずつ努力を重ねて、多くの経験を通して今私はやっと、目の前にある時間を宝物のように思って毎日を過ごすことができています。

働いていると、一日はあっという間に過ぎていきます。仕事に家事に、そして育児なども加われば、もういっぱいいっぱいになってしまい、自分が情けなく感じてしまう日もあるでしょう。

それでも、今日という日は二度と来ません。今日も人生の1ページ。毎日1枚ずつページを重ねていけば、それはやがて「あなた」という人生の物語、1冊の本になるのです。

一日一日に感謝して、大切に思って過ごしてください。そして、**頑張っている自分にも「ありがとう」と伝えてあげてください。**コツコツ一つずつやれば途方もなく見えることでもなんとかなります。誰かが手を差し伸べてくれたり、力になってくれたりすることもあります。その積み重ねが必ず、あなたを幸せに導いてくれます。喜んで生きていきましょう。

## Hさんのレポート

「今日の積み重ねが人生」という社長の言葉に大きく頷いている私がいます。先月で、仕事に復帰してから丸一年が経ちました。おかげさまで体調も良く、気力、体力ともに回復を実感しています。当たり前に仕事ができることは、まさに奇跡なのだと気づかされる日々です。うまくいかないことは相変わらずで、苦手なこともなかなか克服できない……。ですがそんな毎日も含め、すべてが愛おしく、失敗さえも助け合う仲間がいることを改めて気づかせてくれる機会となり、感謝の気持ちで心が温かくなります。以前の私なら、小さなことでクヨクヨし、いつまでも気持ちの切り替えができずに一人心を煩わせていたのが、今は無理をせずとも自然に心を前に向けることができるようになりました。毎日楽しいことばかりではありませんが、どんな悩みもすべてが生きる上で必要なことだと、前向きに捉えられる日々です。

　闘病中や退院した後の休職期間も、さまざまな不安を、これまでアミングの仕事を通して培ってきたたくさんの学びのおかげで乗り越えることができました。数え切れないほどの教えがあったからこそ乗り越えることができたのです。復帰してからも、自分で想像していたよりももっと厳しい現実に直面し、正直、涙する場面も少なくありませんが、常に明るい陽が射すほうへ心を向けて、明るく前向きな自分でいたいです。

# おわりに

## 60歳、まだまだこれから

私たち夫婦がアミングという小さな雑貨屋を始めたのは1984年。全くの素人が何の知識もスキルもなく右往左往しながらもたくさんの人に助けられ、支えられ、40年続けてこられたことは本当に奇跡のようです。

私は元保育士、夫は元システム開発会社のSE。〝商い〟には無縁の二人が入り込んだ、この奥深い世界――。平凡に育ってきた私の人生がどんどん変わっていって、想像もしていなかったところに今、立っていることが不思議で仕方がありません。

一回限りの人生をどんな人生にしたいか。どう生きるのか、何のために生きるのか、**何のために働くのかをいつも考えてきました。**そして、いろいろな問題にぶつかり悩んだり苦しんだりもがいたりしながら、悪戦苦闘してきました。解決できないことも多かったです。でも、一つひとつの問題にまっすぐ向き合ってきました。馬鹿にされても、惨めな思いになっても明日を見て、歩いてこられたことに今、感謝しています。いつも周りの人に助けられたり、本の中で会える偉人たちに助けられたり、本当にたくさんの方たちから多くを学んできました。

アミングを始めたばかりの20代の頃、自分が60歳になるなんて全く考えてもいませんでした。働き始めてから40年余。やっと一人前？　になれたように思います（本音はまだまだ半人前）。そしていざ60歳になったとき、勇気と希望とワクワクが心にムクムク湧いてきて、「いやいや、これからが本番なんだ！」と、そう心から思えたのです。

## パートナーへの感謝

私たち夫婦はいつも二人で心を一つにしてアミングを育ててきました。二人三脚とよく言うけれど、まさにその通りです。二人三脚ではお互いが自分のペースで走ろうとすると、とたんにこけてしまいます。声を掛け合って、イチ、ニッ、イチ、ニッと肩を組んで相手のことを考えながら、想い合って走らなければ前に進めない。育った環境も性格も全く違う二人が、七転八起しながらも絶対後ろ向きにならずに前を向いて歩んできました。スローペースではありますが……。

ケンカもしたけれど、それも大切なことだったと思えます。ケンカの後は反省し、相手のことを少しでも理解しようと努めました。くじけそうになったことも何度もあったけれど、互いを尊重し高め合っていきたいという思いはずっと変わっていません。

アミングを始めたばかりの頃の私は、男の人や年上の人が進む方向を考え、決める。それに女の人や年下の人がついていけばいいと思っていました。でも、夫の考えは違っていて、「あなたがやりたいこと、成し遂げたいことを考えればいい。ボクはそれが成功するようにやり方を考えるから」と言われました。私にはその考えは全くなかったので、びっくりしました。当時の私は、すぐ人に頼ってばかりで、自分で問題解決をしようとしないで、「誰かに解決してもらいたい」と、甘えるばかりで、全く自立できていませんでした。

**しっかり羽があって、羽ばたけるのに……**

自分の力で羽ばたこうとしない、そんな自信のない私の背中を、彼のその言葉が強く押してくれたのです。私が考えていかなければいけないんだ！　これからアミングをどうしていきたいか、どんなお店にしたいか？　どんどん考えてみたら、やりたいことが次々と湧いてきました。そして、叶いそうもないことをどんどん彼に伝えました。**その一つひとつがすべて叶ってきた**

**のです。思いを、夢を一つずつ形にしていったのです。**一人ではできなかったことです。同じ方向を向いて、一緒に歩んでくれる人の存在は人生においてとても大きいと思います。私の場合、それが夫でした。彼と歩んできた道は私にとってとても輝かしく、幸せだと言えます。

## 最後にメッセージ

そもそも、我々はこの世に何をしに生まれてきたのでしょうか。

奇跡的に37兆個もの細胞が一つも間違いなく完璧に働いて、一人の人間ができ上がり、私たちはこの世に生まれてきました。お母さんのお腹の中ですべてのものが自然にでき上がり、誕生したのです。

体の中を流れる大切な血液も人間がつくったものではありません。きっとどんなに医学が発達したとしても、純粋な血液をつくり出すことはできないでしょう。怪我や病気で血液が足りなくなってしまったら、誰かから分けてもらうことでしか命を救うことはできない。**人間は奪い合うために生まれてきたのではなく、与え合うために生まれてきたのではないでしょうか。**

人間をお創りになった神様は、この世で私たちの、私たちにしかできない仕事を与えてくださっているのではないでしょうか。

**その仕事とは、お互いを助け合って心を磨くこと。**

この世で心を磨いてピカピカキラキラになって帰ってきてほしいのではないかと思うのです。

人間にはいつかこの世を去る日が必ず訪れます。すべての人に！　神様からいただいたこの命をどう生きるかは私たちの自由です。でも、あの世に持っていけるものは、お金でも地位でも名誉でもありません。もちろん大切なモノも何一つ持っていくことができません。

持っていけるのは、自分の心だけです。

さあ　みなさん、心・魂を磨くために何をしますか？　どう生きますか？

**『一隅を照らすこれすなわち国宝なり』**

――最澄

太陽のようなまぶしい光を放つことはできなくても、一人ひとりが蛍のような光を放てる人になって、1000人、2000人、そして一万人……集まって、精一杯輝けばキラキラした素敵な世界になるのではないでしょうか。

**人生は心の修行の場です。**いろいろな人と出会ったり、いろいろなことに出会ったりする中で、悩んだり苦しんだりすることもあります。

でも、喜べば楽しくなります。「ありがとう」が飛び交えば心は温かくなります。人生は自分次第でどうにでも変えていくことができるのです。

勇気と希望を持って働くことを楽しんで、どうかあなたの人生を幸せに生きてください。

西江あきよ

**西江あきよ**（にしえ・あきよ）

株式会社アミング 代表取締役社長

ライフスタイルショップ「Aming（アミング）」を運営。1984年石川県金沢市の郊外に15坪の小さな雑貨屋として創業し、現在は約250坪の大型ライフスタイルショップを北信越、北関東、愛知、滋賀、京都などロードサイドを中心に33店舗を展開する。スタッフ共育に力を注ぎ、社長自ら毎月開催する「心の勉強会」により、スタッフが顧客に対して高いホスピタリティーを提供していることが業績を伸ばし続けている大きな要因となっている。仕事を通して心を磨き、「人に喜ばれる自分になる」ことを全スタッフと志し、共に学ぶ仲間を求めて日本全国100店舗展開を目指す。2014年に船井総合研究所主催の「グレートカンパニーアワード」において顧客感動賞を受賞。

# 心を磨く学校
# 自分を輝かせたいすべての人たちへ

発行日　2024年　5月24日　第1刷

Author　西江あきよ
Book Designer　おおざわあい／装丁　岸和泉／本文
Illustrator　おおざわあい

発行　ディスカヴァービジネスパブリッシング
発売　株式会社ディスカヴァー・トゥエンティワン
〒102-0093　東京都千代田区平河町2-16-1 平河町森タワー11F
TEL　03-3237-8321（代表）　03-3237-8345（営業）
FAX　03-3237-8323
https://d21.co.jp/

Publisher　谷口奈緒美
Editor　村尾純司　浅野目七重

Sales & Marketing Company
飯田智樹　庄司知世　蛯原昇　杉田彰子　古矢薫　佐藤昌幸　青木翔平　阿知波淳平　磯部隆
井筒浩　大﨑双葉　近江花渚　小田木もも　佐藤淳基　仙田彩歌　副島杏南　滝口景太郎
田山礼真　廣内悠理　松ノ下直輝　三輪真也　八木眸　山田諭志　古川菜津子　鈴木雄大
高原未来子　藤井多穂子　厚見アレックス太郎　伊藤香　伊藤由美　金野美穂　鈴木洋子　松浦麻恵

Product Management Company
大山聡子　大竹朝子　藤田浩芳　三谷祐一　千葉正幸　伊東佑真　榎本明日香　大田原恵美
小石亜季　野村美空　橋本莉奈　原典宏　星野悠果　牧野類　村尾純司　安永姫菜　浅野目七重
神日登美　波塚みなみ　林佳菜

Digital Solution & Production Company
大星多聞　小野航平　中島俊平　馮東平　森谷真一　青木涼馬　宇賀神実　舘瑞恵　津野主揮
西川なつか　野﨑竜海　野中保奈美　林秀樹　林秀規　元木優子　斎藤悠人　福田章平　小山怜那
千葉潤子　藤井かおり　町田加奈子

Headquarters
川島理　小関勝則　田中亜紀　山中麻吏　井上竜之介　奥田千晶　北野風生　徳間凜太郎　中西花
福永友紀　俵敬子　宮下祥子　池田望　石橋佐知子　丸山香織

Proofreader　小宮雄介
DTP　岸和泉
Printing　日経印刷株式会社



ISBN978-4-910286-15-0
KOKORO WO MIGAKU GAKKO JIBUN WO KAGAYAKASETAI SUBETE NO HITOTACHI E by Akiyo Nishie